KB096179

철과 함께한 인류의 역사

철의 시대

철과 함께한 인류의 역사

철의 시대

강창훈 지음

창비

차 례

///

철의 현재

영화 「아이언맨」을 보았나요? 주인공 토니 스타크는 동에 번쩍, 서에 번쩍, 하늘을 휙휙 날아다닙니다. 웬만한 공격에는 끄떡도 하지 않지요. 전부 주인공이 개발한 최첨단 철갑옷 덕분입니다. 그래서 이름도 '아이언맨'(iron man), 즉 철인입니다.

철인 3종 경기, 영어로 트라이애슬론(triathlon)에 대해서는 들어 봤나요? 수영 3.8킬로미터, 사이클 180킬로미터, 마라톤 42.195킬로미터를 쉬지 않고 이어서 하는 경기이지요. 세 종목을 17시간 안에 완주하면 '철인'이라는 칭호를 받는답니다.

아이언맨은 가상의 세계에서만 존재하는 캐릭터이고, 철인 3종 경기는 실제로 사람들이 참여하는 대회이다 보니 서로 별 관련이 없어 보입니다. 그러나 둘 사이에는 한 가지 공통점이 숨어 있습니다. 여러분도 눈치챘겠지만 바로 철입니다. 인간은 유사 이래 강해지고 싶다는 욕망을 늘 품어 왔습니다. 이를 대변하는 것이 바로 철입니다. 앞에서 언급한 두 가지 사례 말고도 카리스마 넘치는 여성 정치인을 '철의 여인'이라고 칭한다든지 가혹한 상황에도 굳세게 버티는 사람을 '무쇠목숨'이라고 비유하는 데서 알 수 있듯이 철은 오랫동안 인류의 곁에서 강함을 상징하는 존재로 함께해 왔습니다.

인간과 철이 함께한 시간은 약 4천 년입니다. 세계사책을 보면 대체로 석기 시대, 청동기 시대, 철기 시대 순으로 인류 문명을 구분합니다. 그러다 어느 순간 철기 시대라는 말을 빼고 고대, 중세, 근세, 근대, 현대 등으로 시대를 구분하며 역사를 서술하지요. 그러나 엄밀히 말하면 고대부터 현대까지는 대부분 인간이 철을 도구로 사용한 시기입니다. 그러니 우리는 여전히 철기 시대에 살고 있는 셈이지요. 그렇다면 인간은 왜 이토록 오랫동안 철을 가장 가까운 파트너로 삼은 것일까요?

인간의 욕망과 철의 속성이 맞아떨어졌기 때문입니다. 채우면 채울수록 더 채우고 싶어 하는 것이 인간의 욕망입니다. 좀처럼 만족할 줄 모르지요. 그렇게 제한 없는 욕망에 계속해서 부응한 것이 철입니다. 철기 시대가 시작된 이래, 인간은 더 단단한 철을 더 많이 사용하길 원했습니다. 그에 맞춰 철은 다양한 속성을 지니게 되었고 대량 생산되었지요. 철이 끊임없이 진화했기에 오늘날 우리가 강한 존재로서 철인을 꿈꿀 수 있는 것입니다.

이 책에서는 철을 다룹니다. 구체적으로는 철이 인류 문명에 끼친 영향에 대해 이야기하려 합니다. 사람들은 흔히 철에 두 가지 면이 있다고 합니다. 생산과 파괴라는 두 얼굴 말이죠. 철은 철도와 고층 빌딩 등을 건설하는 데는 물론, 총과 전차 같은 무기를 만드는 데도 쓰이니까요. 그래서 철을 야누스에 비유하기도 합니다. 지금부터 철이 수천 년에 걸쳐 보여 온 야누스 같은 모습을 하나하나 살펴보겠습니다.

그러나 잊지 말아야 할 것은 철 스스로 야누스가 된 것이 아니라는 점입니다. 철을 야누스처럼 만든 것은 바로 인간입니다. 철을 생산에 이용한 것도 인간이고, 파괴에 이용한 것도 인간입니다. 철은 인간이 원하는 바에 따라 전혀 다른 용도로 쓰였을 뿐입니다.

따라서 이 책의 마지막 목표는 철을 이해하는 것이 아닙니다. 철을 바라봄으로써 인간을 이해하는 것입니다. 철이라는 렌즈를 이용해 인간의 욕망을 비추어 보고 철과 인간의 과거, 현재, 미래에 대해 이야기해 보겠습니다.

1

우주의 자궁에서 태어나다
철의 탄생

별의 자연적 생애에서 철은 종착역이다.
_ 샘 킨(미국 과학 저술가)

비록 철이라는 금속에 오랫동안 호전적인 남성성이 꼬리표처럼
따라다녔지만, 혈액이 붉은 것과 철광석이 붉은 것이 똑같은 원인에서
기인한다는 사실은 현대의 과학 기법이 개발된 이후에야
확실히 증명되었다.
_ 휴 앨더시 윌리엄스(미국 과학 저술가)

"철이란 무엇인가?"

이렇게 물으면 좀 막막하죠? 사물의 정의를 묻는 질문은 언제나 답하기 어렵습니다. 철의 정의도 마찬가지입니다. 일단은 편하게, 가장 쉽게 떠올릴 수 있는 것부터 시작해 보죠.

"철은 원소다."

그렇습니다. 철은 원소 기호 Fe, 원자 번호 26번인 원소입니다.

인간이 살고 있는 지구에는 원소가 120종 정도 존재합니다. 이 중 자연에서 만들어진 원소, 그러니까 원래부터 지구에 있었던 원소는 92종이고 나머지는 과학자들이 실험실에서 만든 것이랍니다. 그렇다면 철은? 예, 당연히 자연의 산물입니다.

철은 원소 가족의 일원입니다. 그러나 한가족이라도 집안에서 차지하는 지위나 역할이 다르듯이 원소들도 자연에서 차지하는 비중이 저마다 다릅니다. 비중이 높은 원소가 있는가 하면, 있는지도 모를 정도로 비중이 낮은 원소도 있습니다. 그렇다면 철은 어떨까요? 철은 원소 가족 안에서 차지하는 비중이 무척 높습니다. 넘버원까지는 아니지만요.

우선 양만 따져 봐도 철은 대부분 원소를 압도합니다. 지구를 구성하는 물질 중 19퍼센트가 철일 정도니까요. 산소가 약 50퍼센트로 1등이고, 철이 2등입니다. 중량을 놓고 보면 다른 원소를 제치고 정상에 섭니다. 지구 전체 중량 중 철이 34.8퍼센트나 차지하거든요.

철이 지구에 어떻게 자리하고 있는지 좀 더 자세히 알아보겠습니다. 지구 내부는 지각, 맨틀, 외핵, 내핵, 이렇게 네 층으로 나뉘어 있습니다. 우선 지각, 즉 발아래에 있는 흙을 한 움큼 집어 올려 그 속에 어떤 원소들이 들어 있는지 살펴봅시다. 가장 많은 건 산소입니다. 그다음이 규소(실리콘), 알루미늄 순이고, 네 번째로 많은 원소가 철이지요. 지각을 구성하는 원소 중 약 5퍼센트가 철이랍니다.

이번에는 맨틀과 외핵, 내핵에 대해 알아볼 차례입니다. 한데 이곳들에 철이 얼마나 많이 들어 있는지 정확히는 알기 어렵습니다. 현재의 기술로는 맨틀까지도 들어가 볼 수 없거든요. 맨틀 암석을 채취하려고 시도한 적도 있었지만 성공하지는 못했답니다. 다만 운석이나 지진파 등을 분석해서 대략적으로 추정할 수는 있지요.

맨틀과 외핵, 내핵에는 모두 지각보다 철의 비중이 높다고 합니다. 특히 액체 상태인 외핵은 대부분이 철이라고 추측되지요. 고체인 내핵에도 철이 많다고 하고요.

지구에서 철은 대단히 중요한 원소입니다. 갑자기 궁금해지는군요. 철은 어떻게 이런 엄청난 지위를 얻었을까요? 어떻게 지구의 구성원이 되었을까요? 철은 도대체 어디에서 왔을까요? 아니, 좀 더 근본적으로 철은 어떻게 탄생한 걸까요?

인간보다 6천 배 오래된 철의 역사

세계사책을 보면 대체로 가장 먼저 화석 인류인 오스트랄로피테쿠스가 나옵니다. 그다음에는 앞에 '호모' 자가 붙은 화석 인류가 몇 단계 이어지다 현생 인류에 이르게 되죠.

그런데 인류는 어느 날 갑자기 하늘에서 뚝 떨어진 존재가 아닙니다. 무(無)에서 유(有)가 창조된 것이 아니라, 인류의 근원이 된 무언가가 있었습니다. 그러니 인류의 근원을 탐색하려면 그 무언가를 찾아 더 아득한 과거로 거슬러 올라가야 합니다. 인류에서 유인원으로, 포유류로, 육상 동식물에 이어 바다 생물로…… 마침내 생명체가 처음 탄생한 시점까지 말입니다.

하지만 우리는 지금 인류가 아닌 철의 근원을 찾고 있지요. 그렇다면 철은 언제 처음 나타났을까요? 철은 우리가 상상하는 것 이상으로 까마득히 먼 옛날에 태어났습니다. 그래서 철의 근원을 쉽게 이해하려면 수치를 단순하게 만들어야 합니다.

현재 과학자들은 우주의 나이를 137억 년 정도로 보고 있습니다.

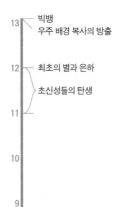

13년으로 환산한 우주의 역사.

우리는 대략 130억 년이라고 해 봅시다. 그리고 다음에는 130억 년을 10억 분의 1로 줄여 우주의 나이가 13년 정도 되었다고 가정하는 것이지요. 이는 미국 역사학자 데이비드 크리스천이 자신의 책 『시간의 지도』에서 사용한 방법이기도 합니다.

이렇게 보면 우주가 생겨난 건 약 13년 전이고 지구가 탄생한 건 약 4년 6개월 전입니다. 마찬가지 방법으로 따지면 지구 상에 생명체는 약 4년 전, 다세포 생물은 7개월 전쯤에 처음 나타났지요. 공룡이 멸종한 뒤 포유류가 번성하기 시작한 건 불과 3주 전 정도이고요.

그렇다면 첫 인류가 탄생한 건 대략 언제일까요? 학자들의 추측에 따라 2백만 년 전이라고 하면, 17시간 30여 분 전이라는 결과가 나옵니다. 즉 우주의 역사를 13년이라고 가정할 때 인류의 역사는 채 하루도 안 되는 셈인 거죠. 이에 반해 철이 생겨난 때는, 뒤이어 자세히 설명하겠지만 12년 전쯤입니다.

인간과 철의 나이는 비교조차 할 수 없을 만큼 차이가 많이 나는 군요. 또한 이런 식으로 설명할 수도 있겠습니다. 우주의 역사에서 인간의 등장은 현재와 가깝고 철의 등장은 우주의 탄생과 가깝다고 말이지요.

자, 이 정도면 철의 역사가 얼마나 유서 깊은지 알았겠지요. 이제 본격적으로 철이 탄생하는 과정을 들여다보겠습니다.

별이 낳은 철

역사적 인물의 평전을 쓸 때는 항상 가족과 조상 이야기부터 합니다. 조상이 없으면 그 인물은 태어날 수조차 없었으니까요. 철 역시 마찬가지입니다. 우주의 시초를 이해해야 철의 탄생 비화를 밝힐 수 있습니다.

우주의 시초라 하면 맨 먼저 무엇이 떠오르나요? 바로 빅뱅이죠! 다들 어린 시절부터 지금까지 책을 읽고 학교 수업을 들으며 되풀이해서 배웠을 겁니다. 이따금씩 빅뱅에 관한 새로운 가설이 나왔다거나 가설을 뒷받침하는 증거가 발견됐다는 뉴스도 보도되곤 하지요. 여기에서는 빅뱅에 대해 간략하게 정리하겠습니다.

우주의 역사는 이렇게 시작됩니다.

"태초에 하나의 점이 있었다."

그런데 태초라는 시간과 점이라는 공간은 어떻게 생겨났을까요? 안타깝게도 우리는 알 수 없습니다. 과학자들도 여전히 설명하지 못하는 문제이지요.

아무튼 하나의 점이 있었다고 칩시다. 과학자들은 그 점이 원자만큼이나 작았을 거라고 합니다. 반면에 밀도는 상상조차 할 수 없을 정도로 어마어마하게 높았습니다. 수천억 개의 별로 이루어진 은하를 수천억 개씩이나 만들 수 있는 물질과 에너지가 원자만 한 점에 응축되어 있었다고 하니까, 두말할 필요 없지요.

그런데 어느 날 갑자기 그 점이 빵 터졌습니다. 이 대폭발이 빅뱅입니다. 약 137억 년 전 일이죠. 빅뱅이 일어나고 10^{-34}초에서 10^{-32}초 사이에 우주는 빛보다 빠른 속도로 팽창하기 시작했습니다. 이때 터져 나온 물질과 에너지는 점점 더 멀리 퍼져 나갔고, 그렇게 우주는 계속 커졌습니다. 이것이 현재 우주의 생성에 대해 가장 설득력 있는 이론으로 받아들여지는 빅뱅설입니다.

이때까지만 해도 철을 찾아볼 수는 없습니다. 당연하죠. 아직 원자도 만들어지지 않았으니까요.

하지만 원자가 만들어지는 데는 몇 분이면 충분했습니다. 빅뱅이 일어나고 1초도 채 지나지 않아 쿼크라는 입자가 생겨났고, 다시 그때부터 10만 분의 1초가량 지났을 때 쿼크들이 모여 양성자와 중성자를 만들어 냈습니다. 그리고 3분이라는 비교적 긴 시간이 지나자 양성자와 중성자가 결합하여 원자핵이 되었지요.

하지만 원자핵만으로는 온전한 형태의 원자라고 할 수 없습니다.

원자핵 주위를 도는 소립자, 즉 전자가 결합되어야 하거든요. 사실 전자 역시 빅뱅이 일어나자마자 등장했습니다. 전자는 처음에 미친 듯이 이곳저곳 날뛰었지만 시간이 흘러 우주의 온도가 내려가자 흥분을 가라앉히고 차분해졌습니다. 그러자 원자핵들이 "이때다!" 하고 중력으로 전자를 끌어당겼고 그 결과 양전하를 띠는 원자핵과 음전하를 띠는 전자가 한 팀이 되었습니다. 비로소 원자가 탄생한 것이죠. 빅뱅 이후 38만 년 정도 지났을 무렵이라고 합니다.

최초의 원자는 우주 첫 원소, 원자 번호 1번, 뒤에 등장하는 모든 원소들의 조상 등등 온갖 그럴싸한 수식어는 다 갖다 붙여도 좋을 원소, 바로 수소입니다.

수소들 중에는 둘씩 짝을 지어 핵융합을 일으키는 것들도 있었고, 그 결과 원자 번호 2번 헬륨이 생성되었습니다. 이후 우주는 다수의 수소와 소수의 헬륨으로 가득 찼지요. 그리고 얼마 뒤 원자 번호 3, 4, 5번에 해당하는 리튬, 베릴륨, 붕소가 차례로 등장합니다. 아주 적은 수이긴 했지만요.

이제 철이 탄생하는 순간이 점점 다가오고 있습니다.

빅뱅은 엄청난 에너지로 다섯 원소를 만들어 냈지만, 역할은 거기까지였습니다. 철이 탄생하기 위해서는 빅뱅에 버금가는 또 다른 강력한 에너지가 필요했지요.

빅뱅이 일어나고 38만 년 정도 흐른 뒤의 우주는 어떤 모습이었을까요? 우주는 대부분 빈 공간이었고 그 속을 수소와 헬륨이 뭉친 거대한 구름 덩어리들과 극소수의 몇몇 원소들이 떠다녔습니다. 구름 덩어리들의 내부는 온도와 밀도가 균일하지 않았는데, 처음에는 그 차이가 너무 작아서 무시해도 상관없을 정도였지요. 그런데 구름 내부의 온도와 밀도 차이가 점점 커지면서 중력에도 높고 낮음이 생겨났습니다. 상대적으로 중력이 높은 부분은 중력이 낮은 부분을 빨아들이기 시작했지요. 그 빨아들이는 속도는 가속도 붙듯 점점 빨라졌고요.

이제 우주라는 드넓은 무대를 빛낼 스타, 즉 '별'이 태어날 분위기가 무르익었습니다. 구름 내부에서 중력이 높은 부분이 주위를 끌어당기자 그 속에 있는 수소와 헬륨 원자들이 서로 격렬하게 충돌하며 엄청난 마찰을 일으켰습니다. 이때 수소가 타기 시작하면서 초당 수백만 톤의 물질이 에너지로 바뀌었는데, 그 에너지가 별을 생성했답니다.

별은 일종의 용광로입니다. 별의 직업은 수소를 융합하여 헬륨으로 바꾸는 일이라고도 할 수 있지요. 별의 평균 수명을 인간에 비유해서 대략 80살이라고 가정한다면 별은 일생의 대부분이나 다름없는 72년 동안 수소를 융합합니다. 그러다 말년이 되면 별의 운명은 두 갈래로 나뉩니다. 작은 별은 수소를 다 써 버린 뒤 천천히 죽어 갑니

수소 원자

헬륨 원자

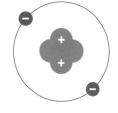

제일 먼저 생성된 두 원소인 수소와 헬륨의 원자 모형.

다. 그러나 큰 별은 다른 길로 나아가지요.

큰 별은 수소를 헬륨으로 융합하는 것에 그치지 않고 새로운 원소를 낳습니다. 헬륨을 태워 새로운 원소를 만들어 내는데, 그렇게 만들어진 것이 원자 번호 6번 탄소입니다. 그리고 헬륨이 모두 소진된 뒤에는 탄소가 새로운 원소를 만드는 일에 앞장서지요. 탄소는 계속 온도를 높여 가면서 질소, 산소, 마그네슘 등을 차례로 생성했습니다.

어떤 별은 이쯤에서 힘이 바닥나 원소 만들기를 멈추고 맙니다. 그러나 더 커다란 별은 거듭해서 온도를 높여 원자 번호가 큰 알루미늄, 규소 등을 생성해 내지요. 별의 온도가 40~60억 도에 이르면, 비로소 지금껏 기다려 왔던 일이 벌어집니다. 철이 태어난 것입니다. 과학자들의 연구에 따르면 철은 빅뱅이 일어나고 약 10억 년 뒤에 등장했다고 합니다.

별의 중심이 되다

철은 별의 생성 과정에서 가장 뒤늦게 탄생했습니다. 그러나 다른 어떤 원소들보다도 별에서 핵심적인 역할을 맡았답니다.

잠시 별을 수박 자르듯 반으로 가른다고 가정해 볼까요? 그 둥근 단면에 양궁 과녁을 그리겠습니다. 이 과녁에는 별이 생성한 원소들을 하나하나 배치할 수 있습니다. 일찍 생성된 원소일수록 과녁

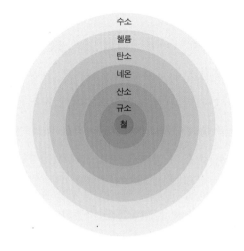

태양 같은 별의 구조를 간략하게 묘사한 그림. 철은 별의 중심에 자리하고 있다.

의 테두리 쪽에 위치하고 생성 순서가 뒤일수록 중심에 자리합니다. 그렇다면 어떤 원소가 과녁 정중앙의 10점 구역에 위치할까요? 바로 철입니다. 별에서 가장 중심을 차지했다는 사실만으로도, 앞으로 전개될 우주의 역사에서 철이 얼마나 중요한 역할을 할지 기대되지요.

철은 등장하자마자 임무를 받습니다. 다른 원소의 도움으로 태어났으니 이제 새로운 원소를 낳는 역할을 하라는 것입니다. 철은 바로 다음 순서인 원자 번호 27번 코발트부터 92번 우라늄까지 66종의 원소를 탄생시켰습니다. 그런데 그 원소들의 생성은 철이 만들어질 때와 반대되는 원리로 이루어졌답니다. 원자 번호 26번 철까지는 별이 살아 있을 때 만들어졌지만, 그 이후 원소는 별이 죽으면서 탄생한 것입니다.

먼저 별이 어떻게 죽는지 살펴보겠습니다. 핵융합으로 철이 만들어지는 단계에 이르면 별은 거의 다 살았다고 봐도 무방합니다. 이때부터는 핵융합으로 발생하는 에너지는 줄고 외려 소모되는 에너지가 많아지기 때문이지요. 결국 나중에는 아예 에너지 생산이 중단되고 맙니다.

사건은 이때 일어납니다. 더 이상 에너지를 만들지 못하고 그대로 숨이 멎을 것 같던 별. 그러나 별은 조용히 죽음을 기다리지 않습니다. 이 과정에서 별의 중력이 커지는데요, 그로 인해 중심핵이 별의 표면에 엄청난 폭발을 일으켜서 별을 산산조각 내 버립니다. '장렬히 전사한다.'라고 해야 할까요? 이런 현상을 가리켜 '초신성'이라고 합니다.

초신성은 빅뱅에 버금가는 엄청난 폭발입니다. '미니 빅뱅'이라고 부르는 과학자도 있지요. 초신성은 별 10억 개가 발하는 빛보다도 밝은 빛을 뿜어낸다고 합니다. 그것도 한 달 넘게요!

초신성에서는 철에도 변화가 일어납니다. 철의 원자핵에 있는 일부 중성자가 붕괴해서 양성자로 변하며 새로운 원소가 생겨나거든요. 철이 만들어질 때처럼 핵융합이 아니라, 반대로 핵분열이 일어나며 새로운 원소가 만들어지는 것입니다. 이와 같은 과정이 되풀이되면서 원자 번호 27번부터 92번까지의 원소들이 탄생했습니다. 올림픽 메달의 재료인 금, 은, 구리도 이때 생겨났지요. 생성된 순서는 구리, 은, 금으로 정반대였지만요.

미국 항공 우주국(NASA)에서 촬영한 초신성 카시오페아 A의 폭발 모습.
스피처 우주 망원경, 허블 우주 망원경, 찬드라 위성이 촬영한 사진을 합성한 것이다.

이제 우주 만물을 이루게 될 원소 92종이 모두 등장했습니다. 그
중심에는 철이 있었지요. 어때요? 별에서 태어난 철이 별의 중심이
되고 다른 원소를 탄생시키는 과정이 참 극적이지 않나요?

표 준 주 기 율 표
Periodic Table of the Elements

표기법:
원자 번호
기호
원소명(국문)
원소명(영문)
표준 원자량

1	2	3	4	5	6	7	8	9	10	11	12	13	14	15	16	17	18
1 **H** 수소 hydrogen [1.007; 1.009]																	2 **He** 헬륨 helium 4.003
3 **Li** 리튬 lithium [6.938; 6.997]	4 **Be** 베릴륨 beryllium 9.012											5 **B** 붕소 boron [10.80; 10.83]	6 **C** 탄소 carbon [12.00; 12.02]	7 **N** 질소 nitrogen [14.00; 14.01]	8 **O** 산소 oxygen [15.99; 16.00]	9 **F** 플루오린 fluorine 19.00	10 **Ne** 네온 neon 20.18
11 **Na** 소듐 sodium 22.99	12 **Mg** 마그네슘 magnesium 24.31											13 **Al** 알루미늄 aluminium 26.98	14 **Si** 규소 silicon [28.08; 28.09]	15 **P** 인 phosphorus 30.97	16 **S** 황 sulfur [32.05; 32.08]	17 **Cl** 염소 chlorine [35.44; 35.46]	18 **Ar** 아르곤 argon 39.95
19 **K** 포타슘 potassium 39.10	20 **Ca** 칼슘 calcium 40.08	21 **Sc** 스칸듐 scandium 44.96	22 **Ti** 타이타늄 titanium 47.87	23 **V** 바나듐 vanadium 50.94	24 **Cr** 크로뮴 chromium 52.00	25 **Mn** 망가니즈 manganese 54.94	26 **Fe** 철 iron 55.85	27 **Co** 코발트 cobalt 58.93	28 **Ni** 니켈 nickel 58.69	29 **Cu** 구리 copper 63.55	30 **Zn** 아연 zinc 65.38(2)	31 **Ga** 갈륨 gallium 69.72	32 **Ge** 저마늄 germanium 72.63	33 **As** 비소 arsenic 74.92	34 **Se** 셀레늄 selenium 78.96(3)	35 **Br** 브로민 bromine 79.90	36 **Kr** 크립톤 krypton 83.80
37 **Rb** 루비듐 rubidium 85.47	38 **Sr** 스트론튬 strontium 87.62	39 **Y** 이트륨 yttrium 88.91	40 **Zr** 지르코늄 zirconium 91.22	41 **Nb** 나이오븀 niobium 92.91	42 **Mo** 몰리브데넘 molybdenum 95.96(2)	43 **Tc** 테크네튬 technetium	44 **Ru** 루테늄 ruthenium 101.1	45 **Rh** 로듐 rhodium 102.9	46 **Pd** 팔라듐 palladium 106.4	47 **Ag** 은 silver 107.9	48 **Cd** 카드뮴 cadmium 112.4	49 **In** 인듐 indium 114.8	50 **Sn** 주석 tin 118.7	51 **Sb** 안티모니 antimony 121.8	52 **Te** 텔루륨 tellurium 127.6	53 **I** 아이오딘 iodine 126.9	54 **Xe** 제논 xenon 131.3
55 **Cs** 세슘 caesium 132.9	56 **Ba** 바륨 barium 137.3	57-71 란타넘족 lanthanoids	72 **Hf** 하프늄 hafnium 178.5	73 **Ta** 탄탈럼 tantalum 180.9	74 **W** 텅스텐 tungsten 183.8	75 **Re** 레늄 rhenium 186.2	76 **Os** 오스뮴 osmium 190.2	77 **Ir** 이리듐 iridium 192.2	78 **Pt** 백금 platinum 195.1	79 **Au** 금 gold 197.0	80 **Hg** 수은 mercury 200.6	81 **Tl** 탈륨 thallium [204.3; 204.4]	82 **Pb** 납 lead 207.2	83 **Bi** 비스무트 bismuth 209.0	84 **Po** 폴로늄 polonium	85 **At** 아스타틴 astatine	86 **Rn** 라돈 radon
87 **Fr** 프랑슘 francium	88 **Ra** 라듐 radium	89-103 악티늄족 actinoids	104 **Rf** 러더포듐 rutherfordium	105 **Db** 더브늄 dubnium	106 **Sg** 시보귬 seaborgium	107 **Bh** 보륨 bohrium	108 **Hs** 하슘 hassium	109 **Mt** 마이트너륨 meitnerium	110 **Ds** 다름슈타튬 darmstadtium	111 **Rg** 뢴트게늄 roentgenium	112 **Cn** 코페르니슘 copernicium		114 **Fl** 플레로븀 flerovium		116 **Lv** 리버모륨 livermorium		

57 **La** 란타넘 lanthanum 138.9	58 **Ce** 세륨 cerium 140.1	59 **Pr** 프라세오디뮴 praseodymium 140.9	60 **Nd** 네오디뮴 neodymium 144.2	61 **Pm** 프로메튬 promethium	62 **Sm** 사마륨 samarium 150.4	63 **Eu** 유로퓸 europium 152.0	64 **Gd** 가돌리늄 gadolinium 157.3	65 **Tb** 터븀 terbium 158.9	66 **Dy** 디스프로슘 dysprosium 162.5	67 **Ho** 홀뮴 holmium 164.9	68 **Er** 어븀 erbium 167.3	69 **Tm** 툴륨 thulium 168.9	70 **Yb** 이터븀 ytterbium 173.1	71 **Lu** 루테튬 lutetium 175.0
89 **Ac** 악티늄 actinium	90 **Th** 토륨 thorium 232.0	91 **Pa** 프로트악티늄 protactinium 231.0	92 **U** 우라늄 uranium 238.0	93 **Np** 넵투늄 neptunium	94 **Pu** 플루토늄 plutonium	95 **Am** 아메리슘 americium	96 **Cm** 퀴륨 curium	97 **Bk** 버클륨 berkelium	98 **Cf** 캘리포늄 californium	99 **Es** 아인슈타이늄 einsteinium	100 **Fm** 페르뮴 fermium	101 **Md** 멘델레븀 mendelevium	102 **No** 노벨륨 nobelium	103 **Lr** 로렌슘 lawrencium

현재 알려져 있는 103가지 원소들의 주기율표. 철은 원자 번호 26번에 위치해 있다.

철은 지구에 어떻게 왔을까

120억 년 전에 탄생한 철. 철은 지구에 어떻게 왔을까요? 이 질문에 답하기 위해서는 시간과 공간을 철이 등장하고 75억 년 뒤 태양계가 형성될 곳으로 이동해야 합니다.

태양계 이야기를 본격적으로 하기 전에 잠시 복습해 보지요. 별이 생성되고 나이가 들면서 철에 이르기까지 26종 원소들이 만들어졌고, 초신성 폭발로 철 이후 새로운 원소 66종이 만들어졌다고 했습니다. 그렇다면 초신성이 폭발한 뒤 92종 원소들의 운명은 어떻게 되었을까요? 산산이 흩어져 어디로 간 걸까요?

철을 비롯한 원소들은 우주 곳곳으로 튕겨 나갔습니다. 나침반 없이 망망대해를 항해하듯 정처 없이 떠돌았지요. 그러다 원소들이 모여 기체 구름을 이루었는데요, 그 구름을 '성간 매질'이라고 합니다. 방황하던 성간 매질은 조건이 잘 맞아떨어지는 곳에 이르자 서로 뭉쳐서는 또다시 수많은 별을 만들어 냈습니다. 그렇게 생성된 별들 중에는 주위에 행성을 거느린 별도 있었는데, 태양도 그중 하나입니다.

지구와 태양을 구성하는 물질은 서로 같습니다. 지구도 철을 포함한 92종의 원소들로 이루어졌지요. 게다가 철은 지구를 구성하는 모든 원소를 통틀어 두 번째로 높은, 19퍼센트라는 비중을 차지했습니다. 그만큼 철은 지구가 형성되는 과정에서 주축 멤버였던 것입니다.

이렇게 살펴보니 '철은 지구에 어떻게 왔을까?'라는 질문 자체가 엉터리 같습니다. 철은 지구가 만들어진 뒤에 온 것이 아니라, 지구가 만들어질 때부터 이미 지구 안에 있었으니까요.

생명의 생존에 반드시 필요한 원소

"철은 인간이 생존하는 데 반드시 필요한 원소다."

맞는 말이죠? 이 말에 아니라고 토를 달 사람은 아무도 없을 겁니다. 그런데 지금 이 물음에 어떤 이미지를 떠올렸나요? 여러분 중 대부분은 아마도 철기 시대의 주역인 철, 문명을 한 단계 더 끌어올린 재료로서의 철을 생각했을 것입니다. 그러나 앞선 문장은 그런 의미가 아니랍니다.

사실 재료로서의 철은 인간에게 반드시 필요한 원소가 아닐 수도 있습니다. 당장 세상에서 철이 모두 사라진다고 상상해 봅시다. 끔찍한 일입니다. 모든 인간이 어려움을 겪겠지요. 그러나 시간이 흘러 차차 적응하면 철이라는 재료 없이도 살 수 있을 겁니다. 알다시피 인간은 철기 시대 이전에도 살아남았으니까요. 철을 몰랐던 시절에도 나무와 짐승 뼈, 돌, 구리, 청동만으로 생활했으니까요. 철이 잘 살 수 있게 도와주는 재료인 건 맞지만, 철제 도구가 없다고 해서 생존이 불가능한 것은 아닙니다.

"철은 인간이 생존하는 데 반드시 필요한 원소다."라고 말한 데는 다른 이유가 있습니다. 그 이유는 대기권 밖 우주에서 지구를 보았을 때 비로소 이해가 된답니다.

좀 뜬금없겠지만 '오로라'를 떠올려 봅시다. 우리나라에서는 목격하기 쉽지 않죠. 해외여행을 가서 직접 본 사람도 있겠지만, 대부분 기껏해야 사진이나 동영상으로 접해 봤을 겁니다. 오로라는 주

2014년 3월 미국 항공 우주국은 오로라의 구조를 해명하기 위해
알래스카에서 관측 로켓을 쏘아 올렸다.

로 극지방에서 나타나는 자연 현상이니까요.

오로라 이야기가 생뚱맞아 보일지도 모르지만, 실은 오로라 현상
도 철과 관계가 있습니다. 결론부터 말하면 오로라는 지구 자기장
때문에 나타나는 현상이며 지구 자기장의 원인은 지구를 구성하고
있는 철이거든요. 그렇다면 철과 지구 자기장, 그리고 오로라는 어
떤 관계일까요? 이를 알려면 46억 년 전 지구가 탄생하는 과정부터
되짚어 봐야 합니다.

지구는 태양을 이루는 물질들로 만들어졌다고 했죠? 태양에서
떨어져 나온 물질들은 서로 부딪치고 뭉치면서 점점 커졌고, 결국
현재와 같은 크기의 지구가 되었습니다. 그런데 이 과정에서 지구

의 온도가 올라갔습니다. 작은 천체들과 충돌했기 때문이기도 하고, 지구가 커지면서 내부 압력이 높아졌기 때문이기도 하지요.

온도가 올라가자 지구 내부는 녹아내리기 시작했습니다. 주로 무거운 금속 물질들이 중심부로 내려앉아 지구 핵을 이루었죠. 이때 철이 핵의 대부분을 차지합니다. 태양계가 만들어진 시점으로부터 4천만 년 정도 지난 뒤의 일이랍니다. 철은 이런 과정을 거쳐 지구의 핵, 그 핵에서도 가장 핵심이 되었습니다.

지구 자기장의 원인은 액체 상태인 외핵에 있다고 합니다. 외핵은 액체라서 구성 성분 중 무거운 철은 아래쪽으로 가라앉고 규소 등 가벼운 물질은 맨틀과의 경계인 위쪽으로 떠오릅니다. 이처럼 외핵에서는 끊임없이 대류 현상이 일어나는데, 이 때문에 지구 자체가 커다란 자석처럼 되어 주위에 자기장이 발생한다고 하지요.

지구 자기장이 맡은 가장 중요한 임무는 '태양풍'을 막는 것입니다. 태양풍은 쉽게 말해 태양에서 불어오는 바람으로 지구에 도달하는 태양풍은 대부분 지구 자기장에 막혀 흩어집니다. 그러나 태양풍 중 일부는 지구 자기장에 이끌려 대기권으로 진입하면서 빛을 내는데, 그 현상이 오로라입니다.

그런데 태양풍을 왜 막아야 할까요? 태양풍은 방사능 물질로 가득해서 생명체가 직접 쐬면 심각한 피해를 입기 때문입니다. 태양풍에 노출되면 어떤 생명체든 단 몇 초도 살아남기 어렵습니다. 인간을 비롯한 모든 생물은 지구 자기장이 태양풍을 막아 주는 덕에 생존할 수 있는 셈입니다.

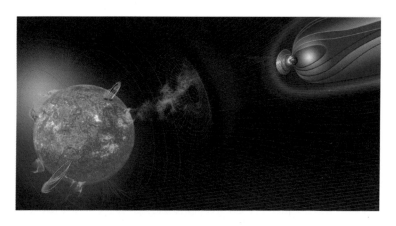
태양풍을 막아 내는 지구 자기장을 나타낸 그림.

이제 "철은 인간이 생존하는 데 반드시 필요한 원소다."라고 말
한 진짜 이유를 이해하겠지요?

철, 산소를 만나다

철에게는 단짝 친구가 하나 있습니다. 아니, 친구로는 부족하고
헤어지면 죽고 못 사는 연인이라고 해야 더 알맞을지도 모르겠네
요. 지구에서 철보다 많은 유일한 원소, 즉 산소입니다. 사실 자연
상태에서 철은 산소와 늘 붙어 지냅니다. 산소와 결합한 철을 '산화
철'(FeO)이라고 합니다. 붉게 녹슨 철을 본 적 있죠? 그것이 바로
산화철입니다.

산화철, 그러니까 녹슨 철은 인간에게 별 쓸모가 없습니다. 그래서 인간은 철과 산소 사이를 갈라놓으려 했습니다. 산화철에 열을 가해서 산소를 떼어 내는 것입니다. 산소와 떨어진 철이라야 비로소 유용한 도구를 만들 수 있었지요.

그러나 철도 결코 호락호락한 상대는 아닙니다. 철에는 '시간'이 있거든요. 시간은 언제나 철의 편입니다. 금은 시간이 지나도 같은 상태를 유지하지만 철은 결국 다시 산화됩니다. 불그죽죽하게 녹이 슬지요. 그래서 금이나 청동에 비해 고대 철기 유물이 적게 남아 있는 것입니다.

그렇다면 철은 처음부터 산화철로 존재했을까요? 철과 산소 사이에는 중매쟁이가 있었습니다. 남조류라는 초기 생명체이지요.

지구 상에 생명체가 처음 나타난 건 35~38억 년 전이고 장소는 바다였습니다. 육지가 아니라 바다라고 단정할 수 있는 것은 당시 지구 대기에 지금처럼 오존층이 있지 않았기 때문입니다. 오존층이 태양에서 오는 자외선을 막아 주지 않으면 육지에서는 생물이 살 수 없거든요.

남조류 역시 바다에 서식했습니다. 남조류는 10억 년 이상 생존하며 중요한 비법 한 가지를 터득합니다. 바닷물(H_2O)을 빨아들여 수소(H)를 먹고 산소(O)를 뱉어 내는 것이지요. 이것이 최초의 '광합성'입니다. 남조류가 광합성을 하자 지구에 엄청난 양의 산소가 만들어졌습니다.

당시 바닷물에는 무수히 많은 철이 떠돌고 있었습니다. 남조류의 광합성으로 생성된 산소는 바닷속 철을 산화시켰지요. 비로소 철이 산소와 만나 산화철로 된 것입니다. 산화철은 물과 분리되어 바다 밑으로 가라앉기 시작했습니다. 오랫동안 바다를 표류하던 철은 산소를 만나서야 정착에 성공합니다.

철을 산화하고도 남은 산소는 오존(O_3)을 만들어 냈고, 오존층이 형성되어 태양에서 오는 자외선을 차단했습니다. 생명체가 더 이상 바다에 갇혀 살 필요가 없어지면서 육상 생물이 출현하게 됐지요.

철의 산화 과정이 끝난 것은 지금으로부터 18억 년 전입니다. 철은 120억 년 전에 태어나 다른 원소들을 낳고, 46억 년 전에 지구의 구성원이 되어서 지구 자기장을 만들기까지 쉼 없이 달려왔습니다. 철은 그제야 산화철이라는 화학적으로 좀 더 안정한 형태가 되어 편히 쉴 수 있었죠.

그러나 철이 영원히 잠잘 수는 없었습니다. 인간이 나타났기 때문입니다. 참 아이러니하게도 인간을 등장시킨 것 역시 산소랍니다. 산소 덕에 탄생한 육상 동물들 가운데 일부가 오랜 진화를 거쳐 인간이 되었으니까요.

인간이 잠자던 산화철을 어떻게 깨웠는지 이야기하기 전에 한 가지 짚고 넘어갈 것이 있습니다. 실은 인간이 철을 만나기 훨씬 전부터 철과 함께했다는 것입니다. 이게 무슨 소리인지 차근차근 살펴봅시다.

인간의 몸속에 깃들다

철새들은 해마다 수천 킬로미터를 이동하여 일정한 목적지에 도달합니다. 어떻게 그게 가능한지 참 신기한데요, 알고 보면 철 덕분이랍니다. 철새의 뇌에는 적은 양이지만 철 성분이 포함되어 있어서 이 부분이 지구 자기장을 감지해 목적지를 안내해 준다고 하지요. 철새뿐 아니라 다른 생명체에도 철이 들어 있습니다. 그리고 인간의 몸에도 있고요.

인체에 들어 있는 철의 무게는 남녀에 따라 다르지만 평균 3그램 정도라고 합니다. 인간의 몸무게를 평균 60킬로그램으로 잡으면 몸

전서구(왼쪽)와 돌고래(오른쪽)는 체내에 있는 철 성분 덕에
방향을 잃지 않고 목적지를 향한다고 알려져 있다.

전체에서 철이 차지하는 비중은 겨우 0.005퍼센트밖에 되지 않지요. 그러나 철을 과소평가하면 안 됩니다.

철은 인체 곳곳에 있는데 혈액에 들어 있는 양이 가장 많습니다. 3그램 중 약 60퍼센트라네요. 혈액이 붉은 것도 철 성분 때문이라고 하지요. 그런데 철은 혈액 속에서 무슨 일을 하는 걸까요?

알다시피 인간은 살기 위해 산소를 들이마셔야만 합니다. 그리고 혈액은 산소를 온몸으로 날라 공급하는 역할을 맡고 있지요. 그렇다면 혈액에는 산소를 끌어당기는 무언가가 있어야 하겠죠? 그 일을 가장 잘할 수 있는 녀석이 바로 산소와 찰떡궁합인 철입니다. 혈액의 주요 성분인 적혈구 속에는 헤모글로빈이 있는데, 헤모글로빈에 있는 철 원자 4개가 산소와 결합하여 몸 구석구석으로 산소를 나른답니다. 실은 빈혈도 헤모글로빈이 모자라서 나타나는 증세이지요. 그래서 빈혈 환자들이 헤모글로빈을 철분제로 보충하는 것이고요.

철은 무척추동물보다는 인간과 같은 척추동물에 더 많이 필요합니다. 상대적으로 척추동물이 신체가 크고 활동량이 많아서 산소를 더 소비한다고 하지요.

지구 자기장을 만들어 생명체를 보호하고 심지어 인체에서도 빠뜨릴 수 없는 역할

혈액 속 적혈구를 컴퓨터 그래픽으로 구현한 사진.
적혈구가 붉은색을 띠는 것은 산화철 성분 때문이라고 한다.

을 맡는 등등, 철은 꼭 도구가 아니어도 우리네 삶에서 빼놓을 수 없는 고맙고도 중요한 존재입니다. 그렇다면 인간은 언제 철의 존재를 깨달았을까요? 그리고 어떻게 철을 도구로 이용해야겠다고 마음먹었을까요? 다음 장에서는 인간이 철을 처음 만난 그때로 가 보겠습니다.

2

긴 잠에서 깨어나다
철과 인간의 첫 만남

그곳의 돌이 철로 되어 있으매 너는 언덕에서 놋쇠를 캐리라.
_ 구약 성서 『신명기』, 8장 7~9절

지배자, 왕이자 대왕이신 아르누완다와 그의 아내 아스무니칼의 말씀은
부러지지 않는, 망가뜨릴 수 없는 철의 말씀이다.
_히타이트 점토판에 기록된 토지 하사록

인간이 철로 도구를 만들기 시작한 것은 기원전 2000년경, 약 4천 년 전부터입니다. 4천 년 전이라면 아득히 먼 옛날처럼 느껴지죠. 그러나 우주의 역사 전체를 놓고 보면 방금 전이라고 해도 과언이 아닙니다.

1장에서 사용했던 계산법에 다시 한 번 대입해 볼까요? 우주의 나이를 13년이라고 가정할 때, 철이 탄생한 건 12년 전이고 인류가 등장한 건 불과 17시간 30여 분 전이라고 했지요. 이 공식대로라면 인간이 철을 제련하여 도구를 만든 건 지금으로부터 겨우 2분 6초 전에 일어난 일입니다.

이번 장에서는 '방금 전에 있었던' 철과 인간의 첫 만남에 대해 이야기하려 합니다. 사실 그 장면이 어땠을지 구체적으로는 알 수 없습니다. 문자 기록이 남아 있는 것도 아니고 그 일을 그린 그림이 발견된 적도 없으니까요. 몇몇 근거를 바탕으로 상상해 보는 수밖에 없습니다.

그런데 곧바로 철과 인간이 만나는 장면부터 이야기할 수는 없습니다. 인간은 철과 마주하기 위해서 일정한 준비 단계를 거쳐야 했거든요. 계단 밟고 오르듯 몇 단계를 넘어선 뒤에야 비로소 철을 만날 수 있었지요. 그러니까 우리는 기원전 2000년보다 먼 과거부터 살펴야 합니다. 출발점은 신석기 시대의 어느 날입니다.

불의 온도를 높여라!

신석기 시대의 특징을 학교에서 배운 대로 한번 떠올려 봅시다. 간석기? 농경과 목축? 정착 생활? 예, 다 좋습니다. 그런데 또 하나, 절대 빼놓아서는 안 되는 게 있죠? 바로 흙으로 만든 그릇, 토기입니다.

토기를 만들기 전까지만 해도 인간이 바꿀 수 있는 것은 재료의 모양뿐이었습니다. 돌을 떼어 내고 갈고 나무와 짐승 뼈를 자르고 깎아도 그건 재료의 모양을 바꾸는 일, 즉 물리적 변화를 일으키는 것에 불과했지요. 토기를 만들려면 재료의 성질을 바꾸는 일, 그러니까 화학적 변화를 일으켜야 했습니다. 화학적 변화란 물리적 변화와 달리 물질을 구성하는 원자들이 분해되거나 재결합하여 처음과 다른 물질이 되는 것입니다. 토기는 인간이 화학적 변화를 일으

서울시 암사동 집터 유적에서 발굴된 신석기 시대의 빗살무늬 토기.

켜 만든 최초의 도구라는 점에서 철기보다도 훨씬 혁명적인 발명품
이라고 할 수 있습니다.

　흙의 성질은 저절로 바뀌지 않습니다. 흙을 화학적으로 변화시킬
수 있는 힘을 가해야 했는데요, 그 과정에서 불이 특급 도우미 역할
을 맡았습니다. 온도가 높은 불로 흙을 구우면 성질이 변하여 토기
를 만들 수 있었던 것입니다.

　인류는 이미 구석기 시대에도 불을 이용할 줄 알았습니다. 불은
요리를 하거나 보온을 하거나 맹수를 막는 데 중요한 역할을 했지
요. 다만 토기를 만들려면 이전과 비교할 수 없을 정도로 온도가 높
은 불이 필요했습니다.

그럼 지금부터 신석기 시대 사람들이 토기를 만드는 장면을 재구성해 보겠습니다.

우선 흙을 모아서 물로 반죽하여 진흙을 만듭니다. 진흙을 가래 떡처럼 길쭉하게 뭉친 다음에는 동그랗게 말아서 쌓아 올립니다. 그러고는 안쪽과 바깥쪽 표면을 두 손으로 반듯하게 눌러 다듬으면 일단 그릇 모양이 완성되지요. 여기까지는 재료의 모양을 바꾸는 단계입니다.

이제 재료의 성질을 바꿀 차례입니다. 바로 불을 이용해서 말이죠! 그릇 모양으로 빚은 진흙을 가마에 넣고 불로 굽습니다. 가마 내 온도가 약 700도까지 올라가면 토기를 완성할 수 있었습니다.

평양시 삼석구역 호남리에서 발견된 신석기 시대의 질그릇 가마터.

인간은 토기를 제작하는 과정에서 한 가지 중요한 사실을 깨달 았습니다. 가마의 온도를 높일수록 토기가 튼튼해진다는 것입니다. 토기 제작법을 깨닫게 되자, 그때부터는 단순히 불을 이용하는 것 보다 얼마나 온도를 높일 수 있느냐가 중요해졌습니다.

인간은 가마를 더 크게 만들었습니다. 그리고 더 많은 땔감을 태 우며 더 강하게 바람을 불어 넣었지요. 그렇게 해서 온도를 더 높이 끌어 올렸습니다. 가마의 온도가 1,000도를 넘어 1,100도에 이를 때 까지 말입니다.

그러던 어느 날 이런 일이 일어났습니다. 다 구운 토기를 가마에 서 꺼냈는데 이곳저곳 금이 간 겁니다.

"아, 이런…… 망했다. 온도를 엄청 높였는데 왜 이렇게 됐지?"

다들 망연자실해하고 있는데, 한 사람이 가마 밑바닥을 살펴보고 는 고개를 갸우뚱했습니다. 묘한 물체가 눈에 띄었기 때문입니다.

"거참 이상한 돌이네?"

여태 한 번도 본 적 없는 녹색 돌 조각들이었습니다. 도대체 무엇 이었을까요?

당연히 당시 사람들은 녹색 돌이 무엇인지 몰랐습니다. 그러나 현대의 과학자라면 짐작할 수 있습니다. 그 돌이 '구리'라는 것을 요. 신석기 시대 사람들은 토기를 굽다가 구리를 발견했습니다. 약 6천 년 전에 있었던 일이랍니다.

구리에서 청동으로

구리. 원소 기호 Cu. 원자 번호 29번. 철보다 원자 번호가 크군요. 초신성 단계에서 만들어진 원소라는 걸 알 수 있습니다. 영어로는 'copper'. '키프로스의 금속'이라는 뜻의 라틴어 '아에스 퀴프리움'(aes Cyprium)에서 유래한 단어입니다. 지중해 동부의 키프로스 섬은 고대부터 중요한 구리 산지 가운데 하나였지요.

구리는 약 1,084도에서 녹습니다. 그러니까 녹는점에 이르기 전에는 고체 상태죠. 가마 내 온도가 높지 않았을 때만 해도 인간은 구리의 존재를 몰랐습니다. 구리가 다른 흙과 섞여 토기의 일부가 되는 것을 무심코 지나쳤겠죠. 그런데 가마의 온도가 1,100도에 가까워지면서 구리가 녹아 토기 표면에서 흘러나왔고, 온도가 내려가자 구리끼리 뭉쳐서 고체 덩어리로 굳은 것입니다. 더 단단한 토기를 만들기 위해 온도를 높이는 기술을 발전시킨 결과, 인간은 새로운 금속인 구리와 마주하게 되었습니다.

구리 덩어리를 처음 손에 쥔 사람들은 어떻게 했을까요? 아마 돌 다루듯 하지 않았을까요? 구리 덩어리를 때리고 긁고 갈고 깎고……. 그렇게 수없이 되풀이하다가 어느 순간에 '아, 두드릴수록 단단해지는구나!' 하고 구리의 성질을 깨달았을 것입니다. '너무 세게 치면 깨질 수도 있어.' 이런 점도 함께 말이지요.

구리는 인간에게 넝쿨째 굴러 온 복덩어리나 다름없었습니다. 당시 사람들이야 몰랐겠지만 구리는 지각에 있는 금속 원소 중 여덟 번째로 많아 비교적 구하기 수월합니다. 적색, 황색, 오렌지색으로 빛깔도 아름답지요. 연한 편이라 다루기 쉬워서 구슬이나 가느다란 못 같은 작은 물건을 만들기도 좋고요.

그러나 인간이 어떤 존재입니까? 인간은 만족하는 그 순간에 이미 더 나은 것을 원합니다. 시간이 지나자 사람들은 구리에 불만을 품기 시작합니다. '장신구 말고는 쓸모가 없다. 농기구나 무기로는 쓸 수 없나?' 구리는 가공하기 쉬운 만큼 살짝만 힘을 가해도 모양이 망가졌거든요.

좀 더 강한 재료를 바라던 인간 앞에 나타난 것이 청동입니다. 청동 역시 우연의 산물입니다. 구리를 제련하는 과정에서 어쩌다 주석이 조금 섞인 합금, 즉 청동이 만들어졌거든요.

선사 시대를 다룬 역사책에서는 주로 다음과 같이 시대 구분을 합니다. 구석기 시대 → 신석기 시대 → 청동기 시대 → 철기 시대. 그런데 이상한 것은 신석기 시대 다음에 나와야 마땅할 듯한 '동기(구리 도구) 시대'는 건너뛰고 청동기 시대로 이어진다는 점입니다. 구리가 너무 무른 탓에 청동만큼 널리 재료로 활용되지 못했기 때문이 아닐까 싶습니다. 청동은 구리보다 강하면서 주조하기도 쉬워서 쓸모가 많습니다. 인간은 청동으로 새로운 무기, 농기구, 이전보다 훨씬 복잡한 장식물 등을 만들어 냈지요.

요즘은 청동기를 좀 우습게 아는 경향이 있습니다. 청동기 시대는 철기 시대보다 예전이니 청동은 철보다 모든 점에서 처질 거라는 선입견이 있지요. 그러나 그렇지 않은 점도 있습니다. 예를 들어

충청남도 당진군 소소리 유적지에서 발굴된 철기 시대 초기의 유물들.
오른쪽 아래에 있는 철제 도끼와 끌은 왼쪽에 있는 청동 검에 비해 심하게 녹슬었다.

청동은 철처럼 쉽게 산화되지 않죠. 박물관의 선사 시대 전시실에 가면 청동기나 철기 유물을 많이 볼 수 있지요? 그런데 자세히 살펴보면 철기는 보기 흉하게 녹슨 것이 대부분인데 청동기는 여전히 아름다운 푸른 빛깔을 간직한 경우가 많습니다. 최근에도 청동은 부식에 강한 특성을 살려 건물 장식재 등으로 많이 쓰이고 있지요. 그러니 청동이라고 무조건 얕봐서는 안 되겠습니다.

　지금까지 옛사람들이 토기부터 시작해 구리와 청동을 활용하는 데 이르는 과정을 알아보았습니다. 철과의 첫 만남을 이야기하기에 앞서 왜 이렇게 먼 길을 돌아왔는지, 이제는 짐작이 되지요? 철은 토기에서 청동기까지 기나긴 기술 축적 과정이 있었기에 인간과 만날 수 있었습니다.

하늘이 내린 선물, 운철

　인간이 처음 철을 알게 된 건 언제일까요? 당연히 철기 시대가 시작될 무렵일 것 같지만 실제로는 그렇지 않습니다. 철기 시대 이전에도 인간은 철을 알고 있었습니다. '운철'을 접하면서 말이죠.

　우주를 떠도는 작은 암석들 중 지구의 인력에 끌려 대기권으로 떨어지는 것을 유성이라고 합니다. 유성은 대부분 도중에 불타서 없어지지만 땅까지 도달하는 경우도 있는데, 그것을 운석이라고 하고요. 운석 중에서도 특히 철광석이 많이 포함된 것을 운철이라고 한답니다.

인간과 운철의 만남. 그날의 기억을 더듬어 보려면 인류 문명이 등장한 시점으로 돌아가야 합니다. 교과서에 고대 4대 문명, 즉 메소포타미아 문명, 이집트 문명, 인더스 문명, 황허 문명이 등장하죠? 그중 가장 시기가 이른 것이 메소포타미아 문명이

미국 텍사스 주 오데사에서 발견된 운철.

고, 메소포타미아 지역에서 최초로 문명을 일군 민족이 수메르인입니다. 수메르인은 기원전 3500년경에 모습을 드러냈고 약 1천 5백년 동안 존속했습니다.

현재까지 이뤄진 고고학 연구에 따르면 수메르인은 인류 문명의 선구자입니다. 수메르인이 어떻게 살았는지는 지금도 비교적 상세히 알 수 있습니다. 쐐기 모양의 설형 문자가 새겨진 점토판이 남아 있거든요.

수메르인이 살았던 때는 대략 청동기 시대에 해당합니다. 철기가 등장하려면 아직은 좀 더 기다려야 했죠. 그런데 뜻밖에도 수메르어 중에 '철'을 뜻하는 단어가 있습니다. '안-바르'라고 하는데요, 이 단어는 '하늘'과 '불'을 의미하는 설형 문자로 이루어집니다. 그러니 '안-바르'는 '하늘에서 내려온 불'이라는 의미이고, '천상의

금속' 혹은 '별의 금속'으로 확대해서 해석할 수도 있지요. 청동기 시대를 살았던 수메르인에게 철을 뜻하는 단어가 왜 필요했을까요? 그리고 그들은 왜 하필이면 철을 '하늘에서 내려온 불'이라고 이름 지었을까요? 수메르인이 철을 알긴 했지만, 하늘에서 떨어진 운철밖에 몰랐던 것입니다.

시리아에서 발굴된 메소포타미아 문명의 석판. 기원전 2052년경에 제작되었다고 추정되며 설형 문자가 눈에 띈다.

운철을 처음 접한 수메르인의 모습을 상상하기란 어렵지 않습니다. 운철이 떨어졌다는 소식에 왕은 당장 그 쇳덩이를 주워 오라고 명령했을 겁니다. 그러고는 신하들을 모아 놓고 의견을 물었겠죠.

운철을 두려워한 신하도 있었습니다.

"하늘이 분노하여 우리에게 벌을 내리신 것입니다."

반대 의견도 만만치 않았지요.

"아닙니다. 이건 하늘의 선물입니다."

왕은 후자의 의견이 더 그럴싸하다고 여기고 대장장이를 불러 운철로 도구를 만들라고 명을 내렸습니다. 운철을 가공해 본 대장장이는 석기나 청동기와 다른 놀라운 점을 깨달았을 겁니다. 운철은 돌보다 물러서 변형이 잘되는데 신기하게도 두드리면 두드릴수록 단단해졌을 테니까요. 대장장이가 운철로 만든 도구를 본 왕은 매우 기뻐했을 것입니다. 그리고 앞으로 운철을 가져오는 자에게는 큰 상을 내리겠다고 선언했겠지요.

이쯤에서 궁금한 점이 하나 있습니다. 앞서 철은 산화된 상태로 존재해서 산소를 떼어 내야만 쓸모가 있다고 했는데, 수메르인은 어떻게 바로 운철로 도구를 만들었을까요? 이 의문에 답하기 위해 운철의 성분에 대해 간단히 살펴보겠습니다. 우주에서 온 운철의 성분은 지구의 지각에 있는 철과 다르답니다.

운철에 포함된 철은 산화철이 아닙니다. 대기권을 통과할 때 높은 마찰열을 받아 산화철에서 산소가 떨어져 나가거든요. 따라서 운철은 힘들게 달구지 않고 두드리기만 해도 원하는 물건을 만들 수 있지요.

당시 대장장이가 운철로 제작한 물건들 중 일부가 지금까지도 남아 있습니다. 수메르인이 살던 메소포타미아 지역뿐 아니라 이집트에서 출토된 것도 많지요. 기원전 3500년경에 운철로 만든 투구, 기원전 2000년경에 만들어진 은을 상감한 철 부적 등이 발굴되었습니다. 그 밖에 크레타 섬, 인도, 중국 등 인류가 문명을 일군 지역에서는 어김없이 운철로 된 철기가 발견되었답니다.

문헌에도 운철을 이용했다는 기록이 남아 있습니다. 이집트인들은 태양신의 조각상을 앉힐 의자를 만들 때 운철을 사용했다고 하지요. 태양신은 이집트 문명에서 가장 고귀한 신입니다. 그런 태양신의 의자를 만드는 재료로 쓰였다는 건 운철이 금 못지않게 귀한 금속이었다는 사실을 의미합니다.

그러나 운철은 인류를 곧장 철기 시대로 이끌지는 못했습니다. 운철은 인간이 원한다고 해서 언제 어디서나 얻을 수 있는 것이 아니었으니까요. 하지만 운철이 인간에게 아무런 영향도 미치지 못했다고 단정해서는 안 됩니다. 인간은 운철을 가공하며 철에 대한 기초 지식을 습득했을 것이고, 철을 인간이 직접 생산할 수는 없을까 하고 바랐을 테니까요.

긴 기다림, 우연한 만남

여기까지 오는 데 참 오래 걸렸네요. 이제 본격적으로 인간과 철의 만남을 이야기할까 합니다. 앞서 인류가 토기부터 청동기까지 도구를 발전시키며 기술을 쌓아 왔다고 했는데요, 철기 역시 청동기 덕에 탄생할 수 있었습니다.

토기를 굽다가 구리를 발견했듯이 인간은 청동기를 만들다가 우연히 철과 맞닥뜨렸습니다. 자, 이번에는 청동기를 제작하는 과정을 상상해 보겠습니다.

구리 광석과 주석 광석을 가마에 넣고 온도를 높입니다. 온도가 충분히 높아지면 두 광석이 녹고 섞여서 가마의 아랫부분에 뚫어 놓은 구멍으로 흘러나오지요. 일꾼은 액체 청동을 식혀 대장장이에게 보내고 가마 바닥을 청소합니다. 그런데 어느 날 이상한 물체가 눈에 띄었습니다. 녹다 만 것 같은 이상한 고체 덩어리였지요.

이 덩어리가 바로 철입니다. 처음에는 철이 구리 광석과 주석 광석에 섞여 있었겠지요. 물론 산화철로 말입니다. 그런데 그날따라 가마의 온도가 여느 때보다 훨씬 높이 올라가면서 산소가 제거된 철 덩어리가 나타난 것입니다. 철의 녹는점은 약 1,535도입니다. 당시 가마의 온도는 구리와 주석을 녹이고 산화철을 어느 정도 환원시켰지만, 철 자체를 녹일 수는 없었습니다. 그래서 녹다 만 덩어리처럼 철이 제련되었겠지요.

일꾼이 보낸 이상한 덩어리를 본 대장장이는 평소 청동을 다루듯이 두드렸습니다. 밑져야 본전이란 생각으로, 그냥 한번 두드려 봅니다.

'어? 청동보다 무른데? 그런데 오히려 청동보다 질기다!'

대장장이는 이 덩어리의 성분이 운철과 같다는 사실을 깨달았습니다. 이것도 철이다! 더 이상 하늘에서 떨어진 운철을 찾아다닐 필요가 없다! 환희에 찬 대장장이의 외침이 들리는 것 같지 않나요?

철과 인간의 첫 만남을 이와 다르게 설명하는 가설도 있습니다. 어떤 학자는 고대인이 산화철을 다른 용도로 쓰다가 우연히 철을 제련하는 방법을 알아냈을 것이라고 추측합니다. 당시에는 토기를 만들 때 산화철을 붉은 색소로 사용하곤 했는데, 이 색소를 바른 토기를 굽다가 철을 얻었을지도 모른다는 것입니다. 그리고 산불로 인해 철을 발견했다는 가설도 있습니다. 원시림에서 큰불이 일어나

오랫동안 지속되면 높은 온도가 유지되면서 철광석이 녹게 되는데, 이것이 불이 사그라진 뒤에 우연히 인간의 눈에 띄었으리라는 것이지요. 전부 일리 있는 가설이라 현재로서는 어느 쪽이 맞고 틀린지 판단할 수 없습니다.

'철의 제국' 히타이트

철의 비밀이 처음 밝혀진 곳은 어디일까요? 다시 말해 가장 오래된 철 제련 흔적이 남아 있는 곳은 어디일까요? 그리고 제련의 비밀은 언제 밝혀졌을까요?

2005년, 고고학계를 발칵 뒤집는 놀라운 사건이 일어났습니다. 오늘날 터키가 자리한 아나톨리아 지방의 카만칼레호육 유적에서 작은 철 조각이 발굴된 것입니다. 길이가 5센티미터였는데, 연구해 보니 철제 단검의 일부였습니다. 놀라운 것은 제작 연대입니다. 연대 측정 결과 기원전 2100~1950년에 제작되었다고 밝혀졌거든요. 혹시 운철로 만든 것이 아닐까 의심하는 학자도 있었습니다. 그러나 성분 분석을 통해 철광석을 제련해서 만들어 낸 철 조각임이 확인되었습니다. 게다가 철 조각이 발굴된 주변에서 제련하고 남은 철 찌꺼기가 출토되어 신빙성을 더욱 높여 주었고요.

그 전까지만 해도 학자들은 기원전 1500년 전후 흑해와 카스피해 사이에서 철이 처음 생산되었을 것이라고 추측했습니다. 러시

터키 카만칼레호육 유적 발굴 현장 사진. 이곳에서 가장 오래된 철 제련의 흔적이 발견되었다.

아 남부의 조지아 공화국에서 초창기 제련 시설이 40곳가량 발견되었거든요. 또 그 아래 아르메니아 공화국도 '최초의 철 생산지'라는 이름을 얻을 만한 후보 가운데 하나였지요. 그런데 카만칼레호육 유적이 발굴되면서 인류가 처음 철광석을 제련한 시기가 6백 년 정도 앞당겨졌습니다.

당시 아나톨리아는 금속 제련 기술이 가장 앞선 지역이었습니다. 앞에서 따로 이야기하진 않았지만 청동기 제작이 처음 이루어진 곳도 사실 아나톨리아랍니다. 거기에 인류의 첫 철기 문명 또한 발견되었으니 두말할 필요 없겠지요. 이렇게 선진적인 지역에서 철기 문명을 발전시켜 제국으로 성장한 민족이 있었습니다. 바로 히타이트인입니다.

카만칼레호육 유적의 북쪽에 보가즈쾨이라는 도시가 있습니다. 여기에는 오래된 성벽들이 남아 고대 도시였다는 걸 입증하고 있지요. 1906년에 이곳에서 설형 문자가 새겨진 점토판 만여 점이 발굴되었습니다. 학자들은 10년이 넘는 노력 끝에 고대 문자를 해독하는 데 성공했지요. 점토판의 내용은 놀라웠습니다. 당시의 전쟁과 무기, 이웃 나라와 교역한 상황 등이 상세하게 기록되어 있었거든요. 그 내용을 토대로 학자들은 보가즈쾨이가 히타이트의 수도 하투샤였으며 성벽은 히타이트인이 만든 것이라는 사실을 밝혀냈습니다.

본래 히타이트인은 흑해 북쪽 지방에서 살았습니다. 기원전 1700년경에 아나톨리아 지방으로 내려와 정착한 것으로 추정하지요. 정착 초기만 해도 히타이트는 하투샤를 중심으로 하는 작은 도시 국가에 불과했습니다.

당대 서아시아 문명의 중심은 단연 메소포타미아 지역이었습니다. 수메르 문명이 멸망하고 3백 년 정도 지난 뒤에 바빌로니아의 함무라비 왕이 패권을 차지했지요. 히타이트의 전성기는 바로 그다음 차례입니다. 히타이트는 바빌로니아를 물리치고 서아시아의 패권을 거머쥡니다.

히타이트가 서아시아에서 강자가 될 수 있었던 건 메소포타미아 민족이 잘 모르는 자신들만의 무기가 있었기 때문입니다. 바로 철 생산 기술이지요. 후대에서 히타이트를 '철의 제국'이라고 부르는

히타이트에서 만들어진 철제 단검. 손잡이는 금이다.

까닭입니다.

그런데 히타이트는 철기를 생산할 줄 알았다는 이유만으로 철의 제국이 될 수 있었을까요? 그렇게 단순히 단정하기는 어렵습니다. 따지고 보면 히타이트인이 철기를 최초로 생산한 민족도 아니었으니까요. 좀 더 근본적인 이유가 있지 않았을까요?

다시 히타이트의 수도 하투샤였던 보가즈쾨이로 가 보죠. 이곳은 지금도 철광석 산지로 유명합니다. 히타이트인이 하투샤를 수도로 삼았을 때도 당연히 철광석이 풍부했겠지요. 다만 히타이트인이 하투샤에 철광석이 많이 매장되어 있다는 사실을 알고 정착했는지, 아니면 정착하고 보니 철광석이 많은 곳이라 철기를 적극적으로 만들었는지는 알 수 없습니다.

아무튼 히타이트인은 풍부한 철광석을 활용해서 다양한 방식으로 철 생산을 시도했을 터이고, 다른 민족보다 빨리 기술을 발전시켰을 것입니다. 게다가 아나톨리아는 청동기가 최초로 생산된 지역

보가즈쾨이의 하투샤 유적에 있는 사자의 문.

이라고 했지요. 그러니 금속 제련 비결이 오랜 세월 전해 내려와 철 생산 기술 발전으로 이어졌을 수도 있습니다.

　물론 히타이트뿐 아니라 다른 지역에서도 철을 생산했습니다. 그러나 히타이트에 비해 철에서 불순물을 제거하는 제련 기술의 수준이 떨어졌을 것입니다. 불순물이 많으면 철의 질이 떨어지고 그런 철로 만든 제품은 품질이 나쁠 수밖에 없습니다. 히타이트가 제국을 세울 수 있었던 원동력에 대해, 학자들은 히타이트의 철 다루는 기술이 주변 민족을 압도했던 덕이라고 설명합니다.

　하지만 히타이트라고 처음부터 철을 잔뜩 생산했던 건 아닙니다. 오히려 당시 철은 양이 부족했기 때문에 높은 지위에 오를 수 있었습니다. 그야말로 귀한 금속이었으니까요. 인간이 철을 사용한 이래 철이 이때만큼 융숭한 대접을 받은 적은 아마 없을 겁니다. 하투샤에서 발굴된 점토판에 의하면 철이 금보다 5배 비쌌고 은보다는 40배나 비쌌다고 하지요.

귀금속이었던 만큼 철은 초기에 주로 제의용품을 만드는 데 사용되었습니다. 히타이트인이 남긴 기록 중에는 건물의 기초를 세울 때 놓는 동물상으로 두 쌍의 철 황소를 부착했다는 내용이 있지요. 양이나 사자, 남자의 조각상도 철로 만들었다고 하고요.

히타이트인은 기술을 발전시키면서 철기 생산량을 꾸준히 늘렸습니다. 금과 은보다도 귀하던 철의 지위는 생산량이 늘어날수록 점차 아래로 내려올 수밖에 없었을 겁니다. 화려한 시절은 지나갔습니다! 그러나 더 많은 사람이 철의 혜택을 입게 되었지요. 철이라는 새로운 재료가 점점 퍼져 나가며 당시 사회에도 큰 변화가 일어납니다.

새로운 전쟁이 시작되다

철이 지닌 가장 큰 매력은 '강함'입니다. 그러니 철로 장식품만 만들기에는 못내 아쉽습니다. 어떻게 하면 강하다는 특성을 최대한 살릴 수 있을까요? 옛사람들의 선택은 철을 전쟁에 사용하는 것이었습니다.

점차 생산량이 늘어난 철은 대부분 무기를 만드는 데 쓰였습니다. 히타이트만 봐도 그렇지요. 그들이 대제국을 건설한 바탕에는 우수한 철제 무기가 있었거든요. 철제 무기는 기존의 전술까지 완전히 바꾸어 버렸는데, 크게 두 가지 변화가 일어났습니다.

히타이트가 세워질 무렵, 메소포타미아 지역에서 가장 강력한 무기는 전차였습니다. 전차는 기원전 2000년경 중앙아시아에서 처음 등장하여 메소포타미아에 전해졌습니다. 당시로서는 획기적인 전투 수단이었지요.

보병과 보병이 맞붙는 전투에서는 청동제 무기를 많이 지닌 쪽이 승리할 확률이 높았습니다. 그러나 전차 군단이 등장하자 보병 전술은 무용지물이 되고 맙니다. 말이 이끄는 전차는 기동력이 뛰어났고, 궁수를 여러 명 태울 수 있어서 공격력 또한 높았거든요. 전차 부대가 밀집해 있는 적군 보병 부대 주위를 빙빙 돌면서 진영을 흐트러뜨리면, 전차에 탑승한 궁수들이 화살을 쏟아부어서 한꺼번에 수십 명씩 살상했습니다. 승패의 향방은 전차를 보유했느냐로 결정된다고 해도 과언이 아니었죠.

그러나 히타이트인은 기존의 전차 성능에 만족하지 않았습니다. 더 빠른 전차, 더 많은 궁수가 탈 수 있는 전차를 원했지요. 결국 그들은 철을 이용해 전차를 개량하는 데 성공합니다. 어떤 방식이었을까요?

구약 성서『사사기』4장에 '철로 만든 전차'가 등장합니다. 기원전 12세기 초 가나안 왕 야빈 아래에 있던 지휘관 시스라는 철로 만든 전차 900대를 보유했고 그 힘을 바탕으로 이스라엘 백성을 공격했다고 합니다. 900대나 되는 전차를 시스라가 직접 만들었는지, 아니면 다른 민족한테서 수입했는지는 알 수 없습니다. 다만 당시 정황을 미루어 보건대 히타이트인이 제작했을 가능성이 가장 커 보입니다. 철과 전차를 결합시킬 수 있는 기술을 갖춘 민족은 히타이트인밖에 없었으니까요.

그런데 철로 만든 전차에는 오로지 철만 쓰였을까요? 그러지는 않았을 겁니다. 아무리 기술이 발전하고 철 생산량이 늘어났어도 그 많은 전차를 철로만 제작할 수는 없었을 테니까요. 학자들은 히타이트인이 전차의 일부, 즉 바퀴 테와 차축 정도만 철로 만들지 않았을까 추정한답니다.

지금 보자면 대수롭지 않은 일 같지만 그때만 해도 엄청난 혁신이었습니다. 나무 대신 철로 만든 바퀴 테와 차축이 전차를 훨씬 튼튼하게 떠받쳤으니까요. 탑승하는 궁수를 한두 명 늘릴 수 있어 전투력 향상에 도움이 되었을 테고, 이동 속도도 빨라졌겠지요. 전차의 개량은 철이 전쟁에 일으킨 첫 번째 큰 변화였습니다.

또 다른 변화는 철제 무

히타이트 후기 전차의 모습을 엿볼 수 있는 부조.

기가 '전투의 민주화'를 일으켰다는 점입니다. 이 말이 무슨 뜻인지 잘 모를 테니 차근차근 설명하겠습니다. 앞서 전투는 전차 군단이 좌우했다고 했지요. 하지만 사실 전차는 귀족이 독점했습니다. 철제 무기도 귀족들 차지였죠. 보병들은 평민이었고 그들의 무기는 보잘것없었습니다. 적의 전차 부대에 맞선 평민 보병들은 추풍낙엽처럼 쓰러졌답니다.

그러나 철제 무기가 늘어나면서 상황이 바뀌어 귀족만이 사용하던 철제 무기를 평민도 쓸 수 있게 되었습니다. 이른바 '전투의 민주화'가 이루어진 것입니다. 철제 무기로 무장한 평민들이 '전차와도 한번 붙어 보자.' 하고 자신감을 품지 않았을까요?

보병은 적 전차에서 쏜 화살을 철제 방패로 막았습니다. 철기 덕에 방어뿐 아니라 적극적인 공격도 가능해져서 보병들은 적 전차에 접근하여 자루 끝에 철촉을 단 창이나 철검으로 전차 위 궁수들을 공격했지요. 게다가 시간이 흘러 보병들이 말에 올라타 기마병으로 활약하면서 전차의 위력은 크게 감소합니다.

히타이트는 서아시아의 패권을 거머쥐었지만 영광은 그리 오래 가지 않았습니다. 기원전 12세기경 고대 그리스인의 한 계통인 도리아인이 발칸 반도로 남하해 왔는데요, 도리아인에게 밀려난 원주민 프리기아인이 소아시아 반도로 쳐들어가 기원전 1190년경 하투샤를 함락했습니다. 히타이트는 이후 수백 년 동안 명맥을 유지하다가 기원전 8세기 무렵에 아시리아 왕 사르곤 2세에게 완전히 멸망당합니다.

철의 제국 히타이트가 멸망했지만 외려 철은 또 다른 전환을 맞이합니다. 활동 무대를 전 세계로 넓혀 더욱 영향력을 발휘하게 되거든요. 철과 인간의 역사는 이제 막 시작되었을 뿐입니다.

3

세계로 뻗어 나가다
철기 시대의 개막

어느 고대인들이 말하기를 키프로스 섬에서 나는 어떤 종류의 철은 작은
조각으로 잘라 땅에 심고 자주 물을 주면 더욱 크게 자란다고 한다.
_ 프랜시스 베이컨(영국 철학자 · 정치가)

알라께서 철을 지상으로 내려보내셨다.
그 속에는 인류를 위한 많은 쓰임새와 강력한 힘이 들어 있다.
_『코란』

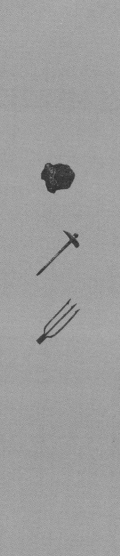

세계사에서 철기 시대가 시작된 건 언제일까요? 지역마다 다르지만, 대략 기원전 1000~500년경이라고 보면 됩니다. 물론 기원전 1400~1200년경 히타이트가 철의 제국을 이룩한 걸 감안하면 시기를 좀 앞당길 수도 있겠죠. 그러나 이후 3천 년 동안 인간이 철로 문명을 일구어 온 기나긴 과정을 돌이키면 히타이트의 시대는 아직 걸음마 단계였다고 하는 편이 알맞을 겁니다.

아이러니하게도 철기 시대가 본격적으로 시작된 것은 히타이트가 몰락한 뒤입니다. 기원전 12세기에 히타이트가 쇠퇴하면서 제철 기술이 주변으로 퍼져 나갔고 점차 유럽, 아프리카, 아시아 등 세계 각지로 확산되었죠. 아메리카와 오세아니아는 소외되었지만, 어쨌든 '이제 정말 철기 시대가 시작되었다.'라고 할 수 있는 시기는 제련 기술이 한 차례 세계적으로 널리 퍼진 기원전 1000~500년 무렵이라고 해야 할 것 같습니다.

그럼 지금부터 철기 문명이 확산되는 과정을 차근차근 따라가 보겠습니다.

철을 둘러싼 외교전

새로운 기술을 받아들이기란 예나 지금이나 쉽지 않습니다. 먼저 준비가 되어 있어야겠죠. 철 역시 마찬가지였습니다. 철이 무엇이고 왜 중요한지를 알아야 받아들이든 말든 하죠. 철의 중요함을 깨닫고 히타이트에서 철 생산 기술을 받아들일 준비가 되어 있던 나라는 두 곳인데, 아시리아와 이집트입니다.

아시리아는 세계사 교과서의 단골손님입니다. 동서로는 티그리스 강과 유프라테스 강 유역에서 지중해 동해안 지역을 거쳐 이집트 나일 강 유역까지, 남북으로는 아라비아 반도 북부에서 터키 남부까지 차지한 대제국이었지요. 사실 세계사 교과서에서는 앞서 관심 있게 지켜본 히타이트보다 아시리아가 훨씬 비중 있게 다루어집니다. 히타이트는 생략해도 아시리아를 빼놓는 책은 없지요. '철의 제국' 히타이트보다 '오리엔트의 통일 제국' 아시리아가 세계사에서 차지하는 의미가 크다고 여겨졌기 때문입니다.

아시리아의 역사를 간단히 짚어 보죠. 출발점은 기원전 2000년 전후, 첫 인류 문명인 수메르가 몰락할 무렵입니다. 티그리스 강 상류에서 등장한 아시리아인은 바빌로니아와 미탄니 왕국에 차례로 지배당하며 굴욕의 세월을 보내다가 기원전 1350년경 미탄니 왕국을 물리쳐서 도약의 발판을 마련합니다. 당시 아시리아인에게는 도우미가 있었으니 바로 히타이트입니다.

보가즈쾨이에서 발견된 점토판에는 아시리아와 히타이트의 관계를 보여 주는 기록들도 남아 있습니다. 그중 특히 흥미로운 글을 살펴볼까요? 일종의 외교 서신으로 기원전 13세기 무렵 히타이트 왕이 쓴 편지입니다. 정확히 말하면 아시리아 왕이 보낸 편지에 히타이트 왕이 답장을 한 것이지요.

> 내 보물 창고에는 그대가 요청한 품질 좋은 철이 없소. 지금 품질 좋은 철을 만들고 있지만 아직 생산하지 못했소. 완성하는 대로 보내도록 하겠소. 서운하겠지만, 일단은 철 단검 하나를 선물로 보낼 테니 이것으로 내 미안한 마음을 헤아려 주기 바라오.

편지에서 드러나는 상황을 정리해 보겠습니다. 아시리아 왕이 히타이트 왕에게 철을 보내 달라고 요청했다, 히타이트 왕이 그 요청을 거절했다, 미안하니까 선물을 하나 보냈다, 뭐 이 정도겠네요. 그런데 이 답장에서 "품질 좋은 철"이라는 표현에 주목해야 합니다. 아시리아 왕이 그냥 철이 아니라 품질 좋은 철을 보내 달라고 했다는 것은, 당시 아시리아도 철을 생산하고 있었음을 암시해 줍니다. 다만 기술적으로 아시리아가 히타이트보다 뒤떨어졌기 때문에 품질 좋은 철을 원했던 것이겠죠.

히타이트 왕은 이런 아시리아 왕의 생각을 꿰뚫어 본 걸까요? 단칼에 아시리아 왕의 요청을 거절합니다. 예의를 갖추어 보낼 수 없는 사정을 말하는 듯하지만 속뜻을 들여다보면 "당신한테 줄 철은 없다."라고 단호하게 답한 것이지요. 결국 아시리아 왕은 철제 단검 하나에 만족할 수밖에 없었습니다.

기원전 13세기이면 두 나라가 연합하여 미탄니 왕국을 공격한 뒤입니다. 아시리아는 미탄니를 격파하는 과정에서 히타이트군의 철제 무기가 우수함을 깨닫고는 품질 좋은 철을 요청했을 가능성이 큽니다. 히타이트에서 철을 수입해 부국강병을 이뤄 보자는 의도였겠죠.

비슷한 시기에 아시리아와 같은 처지였던 나라가 또 있는데요, 우리에게 친숙한 이집트입니다. '왕가의 계곡'에 대해 들어 보았나요? 이집트에 있는 일종의 무덤군으로 파라오들의 시신이 안치되어 있는 곳입니다. 이집트 파라오 하면 아무래도 피라미드가 가장 먼저 떠오르지요. 그런데 파라오의 묘를 험준한 계곡에 꼭꼭 숨겨서 만들었다니 좀 의아합니다. 그게 다 도굴꾼 때문입니다. 지금도 그렇지만 당시에도 피라미드 도굴꾼이 많았던 탓에 따로 비밀스러운 장소를 마련할 수밖에 없었던 거죠. 그러나 그조차도 완벽한 대안은 아니었던 모양입니다. 왕가의 계곡에 있는 무덤도 대부분 도굴을 피할 수 없었거든요.

1922년, 왕가의 계곡을 조사하던 영국 고고학자 하워드 카터가

한 파라오의 무덤을 발굴했습니다. 다행히 그 무덤은 아무도 건드리지 않은, 조성된 당시 모습 그대로였지요. 조사 결과 무덤의 주인은 이집트 제18대 왕조 12대 왕 투탕카멘으로 밝혀졌습니다. 열여덟 살에 죽은 투탕카멘의 시신은 미라가 되어 몇 겹으로 둘러싸인 관 속에 누워 있었지요.

투탕카멘의 미라는 화려하게 장식되어 있었습니다. 특히 파라오의 얼굴을 그대로 본떠 만든 황금 마스크가 단연 압권이었죠. 그러나 우리의 관심사는 금이 아니라 철이니 주목해야 할 유물은 따로 있습니다. 바로 황금 손잡이가 달린 철제 단도입니다. 이 단도에 쓰인 철은 어디에서 구한 걸까요? 히타이트에서 수입했을까요? 아니면 이집트에서 직접 생산했을까요? 아쉽지만 현재로서는 철의 유통 경로를 확인할 길이 없습니다. 하지만 분명한 건 고대 이집트인들도 철을 사용했으며 파라오를 위한 단검을 만드는 데 쓸 정도로 철을 귀하게 대우했다는 사실입니다.

고대의 어느 날, 이집트도 아시리아와 같은 내용을 담은 편지를 히타이트에 보냅니다. 파라오가 히타이트 왕에게 철을 요청한 것입

투탕카멘의 무덤에서 발굴된 단도. 기원전 14세기에 만들어진 것으로
손잡이는 황금이고 칼날이 철이다.

니다.

　재미있는 점은 그 무렵 이집트와 히타이트가 아라비아 반도의 지배권을 놓고 수백 년 동안 싸우던 중이었다는 사실입니다. 그런 마당에 히타이트 왕이 파라오의 요청을 받아들일 리가 없죠. 그 뒤로 얼마 지나지 않아서 두 나라는 큰 전쟁을 벌입니다. 기원전 1275년, 오늘날 시리아 인근의 '카데시'라는 지역에서 말입니다. 카데시 전투의 결과는 무승부였고 두 나라는 평화 협정을 체결하며 전쟁을 끝냅니다.

　히타이트와 아시리아, 이집트 사이에서 철을 둘러싸고 벌어진 외교전은 대단했던 철기의 위상을 잘 보여 줍니다. 철을 잘 사용하는 것이 제국으로 발돋움하는 지름길이라는 점을 히타이트뿐 아니라 이웃 나라들도 서서히 깨닫기 시작했죠.

역사상 최초의 국제 평화 협정인 카데시 조약을 새긴 점토판.

철과 청동을 저울질하다

기원전 1190년경, 드디어 히타이트 철 생산 기술에 걸려 있던 봉인이 풀립니다. 히타이트가 뜻밖에도 복병 프리기아에 침략당해 쇠퇴했기 때문입니다.

히타이트 출신 대장장이들은 사방으로 뿔뿔이 흩어졌습니다. 그들에게는 더 이상 철 생산 기술을 숨겨야 할 이유가 없었지요. 자신들의 기술을 원하는 곳이라면 어디든 달려갔습니다. 대장장이들의 발길을 따라 철 생산 기술이 주변으로 전파되었지요. 가장 먼저 배운 나라는 히타이트 철기의 위력을 잘 알던 아시리아입니다. 그 덕에 아시리아는 히타이트에 이어 '제2의 철의 제국'으로 불리곤 하지요.

그러나 철의 장점을 안다고 해서 아시리아처럼 곧바로 철기 생산 기술을 터득할 수 있는 것은 아닙니다. 철기를 만들게 되었다고 해서 아시리아처럼 부국강병을 이룩할 수 있는 것은 더더욱 아니지요. 앞서 말했듯 새로운 기술을 도입하려면 준비가 되어 있어야 합니다. 정치, 사회, 문화적 상황이 잘 맞아떨어져야 하지요. 또한 사람들이 품고 있는 전통적 사고방식과 철기라는 새로운 기술이 잘 융화되어야 하고요. 이집트는 그 점에서 아시리아와 달랐습니다. 일찍이 철의 장점을 깨달았지만, 본격적으로 철기를 생산하기까지는 오랜 시간이 걸렸거든요. 누가 봐도 이로운 철인데 이집트는 왜 그렇게 늑장을 부렸을까요?

기원전 9세기 무렵에 아시리아에서 만들어진 부조. 오른쪽 아래는 금속 제련을 묘사한 것이다.

이집트인이 기술을 익히고 직접 철기를 만들어 내기 시작한 것은 기원전 1100~800년경입니다. 그러나 이때도 본격적이었다고 말할 수는 없습니다. 이집트인들이 철보다 청동을 좋아했기 때문으로 그 이유는 대략 세 가지입니다.

우선 이집트는 철을 제련하는 데 필요한 자원이 부족했습니다. 산화철에 화학적 변화를 일으켜 철을 생산하려면 불의 온도를 최대한 높여야 합니다. 그러려면 땔감이 많아야 하는데, 이집트는 목재가 풍부하지 않았습니다.

또 다른 이유는 철에 대한 욕망이 크지 않았다는 것입니다. 철기가 가장 크게 변화시킨 분야는 전쟁과 농업입니다. 한데 이집트는 두 분야에서 철을 그다지 절실히 원하진 않았습니다. 전쟁터에서는 청동제 무기로도 충분히 승산이 있다고 생각했습니다. 북쪽의 히타이트나 아시리아가 철제 무기를 적극적으로 사용하던 와중에도 이집트는 별 필요성을 느끼지 못했지요. 농업에서도 마찬가지였습니다. 이집트는 토양의 특성상 철제 농기구가 없어도 농사가 어렵지 않았습니다. 나일 강 주변의 농토는 흙 입자가 작고 부드러워서 청동제 농기구로도 충분히 일굴 수 있었거든요. 굳이 큰 비용을 들여가며 철제 농기구를 제작할 이유가 없었지요. 값비싼 철로는 제의 용품이나 사치품을 만들면 그만이었습니다.

문화적인 이유도 있었을 겁니다. 철이 지닌 고유한 성격에 주목해 봅시다. 철이 쓸모 있는 자원인 건 사실이지만, 미의 기준으로 보면 금보다 훨씬 못합니다. 본래부터 색이 아름답고 녹슬더라도 보기 좋은 녹청색으로 변하는 구리나 청동과 비교해도 나을 것이 없고요. 어둡고 둔탁한 잿빛을 띠는 철은 녹이 슬면 얼룩덜룩한 적갈색으로 변합니다. 색깔뿐 아니라 겉모양 또한 보기 흉하게 부식되어 버리고요.

이집트인들은 얼마나 유용한지가 아닌 얼마나 아름다운지로 철을 평가한 것 같습니다. 그래서일까요? 이집트에서 철이 무기, 농기구, 일상용품 같은 분야에서 청동을 완전히 대체한 것은 한참 뒤인 서기 1세기경이라고 합니다.

지중해를 건너 유럽으로

서아시아에서 여러 나라가 흥망성쇠를 거듭하는 동안, 세력은 작지만 알차게 활동한 민족이 있습니다. 바로 페니키아인입니다. 그들은 철의 중요성을 누구보다도 빨리 간파하고 교역 물품으로 삼았습니다.

페니키아는 오늘날의 레바논, 시리아, 이스라엘 북부에 자리 잡았던 도시 국가입니다. 이 지역은 지중해 동부 해안에 해당하는데, 페니키아는 이곳을 거점 삼아 기원전 1100~800년 무렵 지중해 교역을 독점했습니다. 서아시아의 상품을 배에 가득 싣고 지중해 남부와 북부 해안을 드나들었지요.

페니키아 상선에는 서아시아에서 생산된 철기도 많이 실렸습니다. 당연히 지중해에서 환영받았겠지요. 처음에 지중해 사람들은 철기를 수입해서 사용하는 정도로도 만족했습니다. 그러나 철의 장점을 깨달을수록 더 많이 갖고 싶어졌고, 마음껏 사용하고 싶었을 것입니다.

페니키아인은 타고난 장사꾼이었습니다. 철을 원하는 지중해 사람들의 바람을 모를 리가 없지요. 페니키아 상선에 히타이트 대장장이의 후손들이 올라탔고 그들은 지중해 전역으로 퍼져 나갔습니다. 대장장이가 정착한 지역 중에는 유럽 고대 문명이 처음 피어났던 그리스도 있었지요.

그리스의 초기 역사를 간단히 정리해 볼까요? 기원전 2000년경 미노아인이 그리스 최초의 문명, 크레타 문명을 건설합니다. 그 뒤를 기원전 1500년 무렵 미케네인이 잇지만 도리아인에 의해 미케네 문명이 파괴됩니다. 이에 관해서는 의견이 엇갈립니다. 미케네 문명이 몰락한 뒤에 도리아인이 이주해 왔다는 주장도 있지요. 여기에서 중요한 것은 도리아인이 철을 사용하고 있었다는 점입니다. 철기로 무장한 도리아인은 서쪽으로 남하해서 기원전 1100년경 그리스 반도에 도착했습니다.

역사학자들은 미케네 문명이 파괴된 이후 그리스 반도가 3백여 년 동안 암흑기를 겪었다고 말합니다. 그러나 이 시기는 도시 국가들이 하나둘씩 생겨나면서 그리스 문명이 부흥을 준비하는 시간이기도 했습니다. 그리스는 점차 수많은 도시 국가들이 공존하는 시대로 진입합니다.

마케도니아 왕국 알렉산드로스 대왕의 아버지인 필리포스 2세의 무덤에서 발굴된 금장식이 달린 철제 흉갑. 고대 그리스의 철기 문화를 엿볼 수 있다.

그렇다면 고대 그리스에서 철은 어떤 활약을 했을까요? 그리스만 해도 이전에 비해 기록이 꽤 남아 있습니다. 그중 시인들이 쓴 글에서 단서를 찾아볼까요? 그리스 초기에 활약한 대표적인 시인으로 『일리아스』와 『오디세이아』를 쓴 호메로스를 들 수 있습니다. 호메로스가 살았던 시대에는 이미 그리스에서 철이 활발히 생산되었던 듯합니다. 『일리아스』를 보면 운동 경기의 승자에게 철괴를 상으로 주었다는 내용이 있거든요.

호메로스만큼 유명하진 않지만 그와 어깨를 나란히 하는 시인으로 헤시오도스도 있습니다. 호메로스는 실존 인물인지에 대해 논란이 있지만, 헤시오도스는 실존했던 인물임이 확실하지요.

지금 헤시오도스를 언급하는 건 그가 철에 대해 중요한 한마디를 남겼기 때문입니다. 헤시오도스는 그리스 역사를 다섯 시대로 구분했습니다. 첫째 완전한 '황금시대', 둘째 '은의 시대', 셋째 '청동 시대', 넷째 '영웅 시대', 그리고 다섯째를 '철의 시대'라고 했지요. 영웅 시대를 제외하고는 모두 시대의 이름에 금속을 사용했군요. 헤시오도스는 금속이 역사의 향방을 좌우하는 중요한 요소라고 생각했던 모양입니다.

　헤시오도스는 자신이 살고 있는 때를 철의 시대로 보았습니다. 이는 당시 그리스가 철기 시대에 진입했을 뿐 아니라 철의 영향력이 무척 큰 사회였다는 사실을 의미합니다. 그런데 헤시오도스는 철의 시대를 매우 비관적으로 평가합니다.

　　원컨대 나는 다섯 번째 인간들과는 결코 함께하지 말고 먼저 죽거나 아니면 나중에 태어났으면! 왜냐하면 이번에는 철의 종족이기 때문이오.

　헤시오도스에 따르면 철의 시대에는 모든 것이 붕괴됩니다.

　　자식은 아버지의 말을 따르지 않을 것이고, 아버지는 자식들 말에 동의하지 않을 것이다. (…) 친구는 친구와, 형제는 형제와 반목할 것이다. (…) 또한 그들은 늙은 부모를 돌보지 않고 주먹을 휘두를 것이다. 또 서로가 도시를 파괴할 것이고, (…) 정의로운 사람도, 정직한 사람도 주목받지 못할 것이다. 오히려 정직한 사람이 무법과 폭력을 일삼는 자들을 존경하게 될 것이다.

　한마디로 가족과 사회의 도리가 모두 땅에 떨어진 세상이네요. 그러나 헤시오도스의 글을 아무리 살펴보아도, 철 탓에 인류와 도덕이 무너졌다는 의미인지 아니면 공교롭게도 철의 시대에 인류와 도덕이 무너졌다는 의미인지는 확실치 않습니다.

　그리스가 헤시오도스의 예언처럼 되었다고 해야 할지 그렇지 않

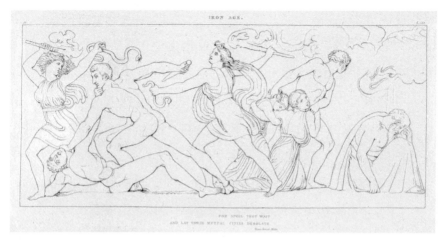

헤시오도스가 정의한 '철의 시대'를 묘사한 회화. 18세기 영국 화가 존 플랙스먼이 그린 그림이다.

았다고 해야 할지는 애매합니다. 그리스 도시 국가들이 결국 쇠퇴하긴 하지만, 그건 헤시오도스가 죽고 수백 년이 지난 뒤의 일이기 때문입니다.

제국으로 가는 열차의 승차권

히타이트가 쇠락한 뒤 페니키아인이 전파하고 그리스인이 발전시킨 철기 문명. 이제 항상 그리스와 쌍을 이루는 로마에 대해 이야기할 차례가 되었군요. 로마와 철의 관계에 대해 알아보려면 포에니 전쟁부터 이야기해야 합니다. 카르타고와 세 차례에 걸쳐 벌인 포에니 전쟁은 로마가 제국으로 가는 길목에서 일어난 무척 중요한 사건이면서 철과도 긴밀히 연관되어 있거든요.

카르타고는 약 2천 8백 년 전, 지중해 남쪽 북아프리카 튀니지에 건설된 도시 국가입니다. 페니키아인이 원주민인 베르베르인과 함께 세웠지요. 페니키아인이 어떤 민족입니까? 철과 대장장이를 지중해로 전파한 장본인입니다. 카르타고군이 철제 무기를 갖추고 있었을 것이라고 충분히 짐작할 수 있죠. 그렇다면 카르타고와 맞서는 로마에도 승리 공식은 한 가지밖에 없습니다. 철을 확보하는 것! 철과 맞서 싸우려면 철이 있어야 했으니까요.

고대 로마가 자리했던 이탈리아 반도와 지중해 서북부 코르시카섬 사이에 여러 섬들이 있는데, 그중에 크기가 제주도의 8분의 1만 한 엘바 섬이 있습니다. 세계사에서 엘바 섬 하면 가장 먼저 떠오르는 인물은 나폴레옹입니다. 1814년 나폴레옹은 영국, 러시아, 프러시아, 오스트리아에 의해 파리를 점령당한 뒤 엘바 섬으로 유배되었거든요. 나폴레옹이 갇힌 곳은 엘바 섬의 관문이던 '포르토페라이오'라는 항구 도시입니다. 당시 모습이 「포르토페라이오의 나폴레옹」이라는 그림에 묘사되어 있지요.

그런데 '포르토페라이오'(Portoferraio)라는 이름이 의미심장합니다. '철의 항구'라는 뜻이거든요. 엘바 섬이 철과 관계가 깊었구나, 포르토페라이오에서 철이 교역됐구나, 하고 짐작되지요. 실제로 엘바 섬은 로마 시대에도 대표적인 철광석 산지였습니다. 특히 철이 60퍼센트 넘게 함유된 고품질 철광석이었다지요.

엘바 섬이 묘사되어 있는 「포르토페라이오의 나폴레옹」.

　로마는 포에니 전쟁이 한창일 때 엘바 섬을 차지합니다. 비록 작은 섬이지만 철을 장악하기 위해 전략적으로 선택한 것이죠. 로마군이 상륙할 당시 엘바 섬에는 에트루리아인이 철기를 사용하며 살아가고 있었습니다. 에트루리아인은 로마가 건국되기 전에 이미 이탈리아 반도 중부 지역에 자리 잡았고, 기원전 9세기경에는 철을 생산하기 시작했지요. 교역을 위해 일찌감치 바다로 진출했던 에트루리아인은 지중해에서도 특히 철광석이 풍부한 엘바 섬에 매료되었습니다. 장사를 하러 나왔다가 엘바 섬에서 철기를 만들며 살자고 마음먹고 정착한 사람들도 있었겠지요.

엘바 섬은 최근까지도 철광석 산지로 유명했으나 현재는 모든 철광산이 폐광되었다.
사진은 더 이상 쓰이지 않는 엘바 섬의 광산이다.

아무튼 엘바 섬을 점령한 로마는 에트루리아인을 핍박하기는커녕 시민으로 대우했습니다. 이유는 간단합니다. 애초에 로마가 엘바 섬을 차지한 목적이 철이었으니까요. 오랫동안 철기 관련 기술을 갈고닦은 에트루리아인을 홀대할 이유가 없었지요. 결국 로마는 엘바 섬을 교두보 삼아 카르타고에 승리하고 지중해의 지배권을 거머쥡니다.

로마는 제국으로 발돋움한 뒤에도 철 생산에 계속 박차를 가했습니다. 유럽 각지에 철광산을 개발했지요. 철광석은 '철의 가도'라 불리는, 카이사르가 만든 교통망을 따라 로마의 주요 도시로 운송되었고요. 로마는 철과 함께 융성한 제국이라고 해도 과언이 아닙니다.

사하라 사막을 넘어

평범한 세계사 교과서라면 그리스와 로마 다음에는 인도와 중국이 등장합니다. 그러나 지금은 교과서에서 무심코 건너뛰곤 하는 대륙, 아프리카를 먼저 살펴보겠습니다. 아프리카 역시 철이 히타이트, 페니키아, 지중해를 거쳐 전 지구로 확산되는 데 주요한 역할을 했고 철기 문명에 관해서는 무시할 수 없는 영향력을 발휘했답니다.

아프리카로 철을 전파한 전초 기지는 로마와 싸웠던 카르타고입니다. 페니키아인이 원주민인 베르베르인과 협력해서 카르타고를 건설했다고 했지요. 굳이 베르베르인과 손잡은 것은 페니키아인이 교역에 집중하려면 안정된 기반, 즉 곡식을 재배하고 가축을 기르는 농경민이 필요했기 때문입니다.

카르타고는 아프리카의 관문이었습니다. 카르타고를 통해 철이 아프리카 대륙으로 전해졌지요. 철을 나르는 역할은 베르베르인이 맡았습니다. 혹독한 사하라 사막을 건너 철을 운반하기란 무척 어려웠을 것입니다. 그러나 현지에 익숙했던 베르베르인에게 사하라 사막을 건너는 일은 아예 불가능하진 않았겠지요.

베르베르인 장사꾼 중에는 남다른 야심을 품은 이도 있었을 것입니다. 그 장사꾼은 무거운 완성품을 사막 너머까지 가져가 파는 것보다 현지에서 철을 생산하는 편이 수지가 남겠다고 판단했겠지요. 사하라 사막 남쪽 지역 사람들도 비슷하게 생각했을 겁니다. 비싸게 수입한 철기를 사용할수록 직접 저렴하게 만들 수는 없을까 고민했겠지요.

다행히도 사하라 사막 남쪽에는 철광석이 풍부했습니다. 그렇다면 기술만 터득하면 될 일! 사하라 사막 남쪽 사람들이 철기 제작 기술을 익히는 데는 오랜 시간이 걸리지 않았습니다. 고고학자들이 나이지리아 중부 조스 고원에 있는 타루가라는 유적지에서 철 찌꺼기가 남아 있는 화덕 13개를 발굴했는데요, 그중 가장 오래된 흔적은 기원전 600년 무렵의 것이었다고 합니다. 아프리카 사람들이 철을 제련해 낸 것은 서아시아와 지중해 일대에 비해 그다지 늦은 편이 아니었지요.

철을 아프리카 대륙 전체로 퍼뜨린 건 반투족입니다. 반투족은 서기 3~4세기 무렵에 오늘날의 나이지리아 동부에서 역사상 가장 큰 규모로 이주를 시작합니다. 철을 제련할 줄 알았던 반투족은 철제 무기로 무장하여 가는 곳마다 수렵과 채집 단계에 머물러 있던 부족들을 몰아내거나 정복했지요. 반투족은 무려 천 년에 걸쳐 아주 느리게 아프리카 전역을 휩쓸었고, 철도 함께 전파되었습니다.

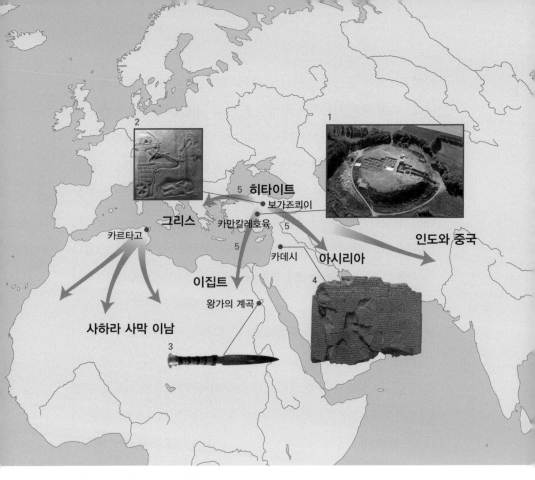

히타이트에서 비롯된 초기 철기의 전파

1 가장 오래된 철 제련의 흔적은 카만칼레호육 유적에서 발굴된 철제 단검 조각으로 기원전 2100~1950년경에 만들어진 것이다(51면 참조).

2 오늘날의 보가즈쾨이를 수도로 삼은 히타이트는 우수한 철기를 바탕으로 기원전 14세기 전후에 서아시아에서 대제국을 건설했다(54면 참조).

3 투탕카멘의 무덤에서 발굴된 철제 단도는 기원전 14세기에 만들어진 것이다.

4 기원전 1275년 히타이트와 이집트가 벌인 카데시 전투는 역사상 최초로 국제 평화 협정을 맺으며 마무리되었다(68면 참조).

5 기원전 1190년에 수도가 함락되며 히타이트의 제련 기술은 아시리아, 이집트, 지중해 등으로 전파되었다.

움츠린 개구리

유럽, 아프리카에 이어 아시아, 그중에서도 먼저 인도의 철기 문명에 대해 살펴보겠습니다. 인도는 세계 4대 문명 중 인더스 문명이 탄생한 곳이죠? 인더스 문명은 기원전 3000년경부터 약 천 년 이상 지속되다가 기원전 1500년경 서쪽에서 아리아인이 침입해 와 파괴되었습니다. 그리고 아리아인의 배경에도 철기가 있었지요. 그리스 반도로 내려온 도리아인이 철기로 무장했던 것과 비슷하군요.

철기의 도입은 인도에서 도시와 국가들이 확장되는 계기가 되었습니다. 철기를 이용함으로써 밀림을 개간할 수 있었거든요. 게다가 기원전 1000년쯤에는 아프리카산 작물인 수수와 기장이 인도에 건너왔습니다. 이 작물들은 철제 농기구로 새로이 일구어진 농지에 자리 잡는 데 성공했지요. 인도인들은 철기와 새로운 작물 덕분에 놀리는 땅 없이 습윤한 경지와 건조한 경지를 모두 부칠 수 있게 되었습니다.

인도는 서아시아보다 조금 늦게 철을 생산했지만 기술의 혁신은 더 빨리 이뤄 낸 듯합니다. 한 가지 예를 들어 볼까요?

인도의 도시 델리에는 철제 기둥이 하나 서 있습니다. 서기 310년 굽타 왕조의 찬드라굽타 2세를 기념하여 세운 것으로 '델리의 철기둥'이라고 불리지요. 높이 10미터에 무게가 무려 6톤인 것만으로도 대단한데요, 더욱 놀라운 점은 1천 7백여 년 동안 전혀 녹슬지 않고 지금까지 꿋꿋하게 서 있다는 것입니다. 학자들이 이 철제 기둥

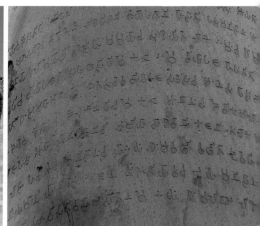

인도 델리에 있는 철 기둥(왼쪽)과 그 기둥에 새겨져 있는 문구(오른쪽).

의 성분을 다각도로 분석해 보았지만 녹슬지 않는 확실한 이유를
밝혀내지 못했다고 하지요. 그러나 적어도 한 가지만은 분명합니
다. 철을 다루는 인도의 제련 기술이 상당히 높은 수준이었다는 것
말입니다. 인도의 기술이 얼마나 뛰어났는지는 4장에서 좀 더 자세
히 설명하겠습니다.

　이번에는 중국으로 가 보겠습니다. 중국 역시 일찍부터 문명을
꽃피운 곳입니다. 세계 4대 문명 중 황허 문명의 배경인 황허 강을
품고 있지요. 중국에서는 황허 강을 중심으로 일찍이 은나라, 주나
라 같은 초기 국가들이 차례로 등장했습니다. 이 시기는 대체로 청
동기 시대와 일치합니다. 당시 유물들을 봐도 화려한 청동기가 무
척 많지요.

주나라는 봉건제를 실시했습니다. 왕이 아들이나 친인척, 신하에게 땅을 내려 제후로 삼고, 제후는 각자 맡은 지역에서 모든 권력을 쥐고 다스리되 왕에게 경제적, 군사적인 의무는 다하는 방식으로 나라가 운영되었지요. 그런데 주나라 왕실의 권력이 약해지고 제후들이 다스리는 지역, 즉 제후국들이 강대해지면서 춘추 시대(기원전 8~5세기)가 시작됩니다.

수백 년 동안 이어진 춘추 시대에 제후국들은 점령하고 점령당하기를 되풀이하다가 가장 강한 7개 나라로 통합됩니다. 이 무렵을 전국 시대(기원전 5~3세기)라 하고, 전국 시대를 풍미한 7개 강대국을 '전국 칠웅'이라고 하지요. 결국에는 전국 칠웅 가운데 진나라가 중국을 통일하여 제국을 건설했습니다. 그 주역은 여러분도 잘 아는 진시황제입니다.

여지껏 등장했던 제국들이 그러했듯이 진나라도 철기를 적극적으로 이용했습니다. 중국에서 철기가 처음 만들어진 것은 춘추 시대 무렵이라고 합니다. 그런데 중국이 어떻게 철 제련을 시작했는지에 대해서는 학계에서도 의견이 분분합니다. 중국이 서아시아에서 중앙아시아를 거쳐 전해진 제련 기술을 받아들였다는 주장이 널리 알려져 있지만, 중국인들이 스스로 기술을 터득했다는 주장도 만만치 않거든요. 어느 주장이 맞는지는 알 수 없습니다. 어쩌면 둘 다 맞을지도 모르지요.

중국은 서아시아보다 5백 년 정도 늦게 철을 만들기 시작했습니다. 그러나 움츠린 개구리가 멀리 뛴다는 속담대로인 걸까요? 중국은 일단 시작하자 빠른 속도로 철 생산 기술을 발전시킵니다. 다른 지역에 비해 짧게는 수백 년, 길게는 2천 년이나 앞서 나갔답니다. 유럽이 14세기에 르네상스를 맞이하기 전까지는 어떤 나라, 어떤 대륙도 중국의 기술 수준에 미치지 못했지요.

중국에서 만들어진 철기는 주변 여러 나라에 전래되었습니다. 한반도 역시 그 영향을 받았지요. 대부분 학자들은 전국 시대 후반인 기원전 4~3세기 무렵에 고조선을 통해 한반도로 철기가 들어왔다고 합니다.

고조선은 전국 칠웅 중 인접해 있던 연나라로부터 철기를 수입한 것 같습니다. 그 뒤에는 철을 직접 생산하고 더 나아가 수출하는 단계까지 발전했지요. 고조선은 철을 바탕으로 동북아시아에서도 강자로 떠올랐습니다. 그러나 더욱 강력했던 중국의 한나라에 의해 멸망되고 맙니다.

한나라는 옛 고조선 자리에 한사군을 설치했습니다. 한사군 중 특히 낙랑군은 중국과 한반도 여러 국가들 사이에서 교역을 중계했지요. 중국에서 한층 개량된 제련 기술과 새로운 철제품이 낙랑군을 거쳐 한반도 북부로 전해졌습니다.

삼국 시대에 접어들면서 철기 생산은 더욱 활발해집니다. 전쟁에 승리해야 한다는 욕망이 어느 때보다도 강했던 시대였거든요. 고구려, 백제, 신라는 자주 치열하게 전투를 벌였는데, 그런 사정이 철제 무기 붐을 일으킨 것입니다.

그러나 철 생산 기술이 가장 발달한 곳은 한반도 남부에 있던 가

고조선 때 한반도로 유입된 철기는 이후 삼국 시대에 더욱 발전했다.

1 고구려 쇠도끼. **2** 백제 은새김고리자루칼. **3** 신라 판갑옷. **4** 가야 삼지창.

야였습니다. 가야는 원래부터 철광석이 풍부한 덕에 제련 기술을 발달시키기 유리했습니다. 그래서 당시 철 하면 가야를 떠올릴 정도로 철만큼은 한반도에서 독보적이었지요. 철과 가야가 얼마나 밀접했는지는 가야의 지배층을 봐도 알 수 있습니다. 가야 시조 김수로왕의 성 '김(金)'이 쇠를 뜻한다는 게 꽤나 의미심장하죠.

가야의 철기 제작 기술은 동북아시아에서도 가장 높은 수준에 오른 것 같습니다. 중국 역사책에도 이를 언급한 기록이 있거든요. 진수의 정사 『삼국지』 중 「위서 동이전」에는 "가야에서 철이 생산되는데 한나라, 왜(일본) 등이 모두 와서 사 간다."라고 나와 있습니다. 가야는 철의 생산과 유통을 장악하며 한때 '철의 왕국'이라 불리기도 했습니다. 경상북도 고령군의 가야 고분에서 출토된 철제 투구와 갑옷 등을 보면, 오래전 '철의 왕국' 가야의 위상을 짐작할 수 있답니다.

이식된 철기 시대

유럽, 아프리카, 아시아 지역이 기원전 1000~500년 무렵에 철기 시대를 맞이하는 동안 아메리카와 오세아니아는 운철 이외에는 철을 맛보지 못했습니다. 두 대륙은 다른 대륙에 비해 2천~2천 5백 년 늦게 유럽인들이 전해 준 철 생산 기술을 배웁니다.

아메리카 대륙이 유럽에 처음 알려진 계기는 여러분도 잘 알다시피 1492년 콜럼버스의 항해입니다. 이후 수많은 유럽 침략자들이 아메리카로 향했지요. 에스파냐 출신 코르테스도 그중 한 사람입니다. 그가 도착한 곳은 오늘날의 멕시코 일대에 살던 아즈텍족의 나라였습니다.

코르테스와 만난 아즈텍족 왕은 철제 칼을 지니고 있었습니다. 코르테스가 왕에게 그 칼을 어떻게 만들었느냐고 묻자 왕은 아무 말 없이 하늘을 가리켰다고 합니다. 무슨 의미인지 곧장 알아챘나

아즈텍족과 만나는 코르테스를 묘사한 16세기 그림.
왼쪽 의자에 앉아 있는 인물이 코르테스이고, 그 곁에 서 있는 사람은
코르테스의 통역 겸 길 안내를 맡았던 아즈텍족 여성 말린체이다.

요? '하늘을 가리켰다'는 말이 단서인데요, 아즈텍족은 불과 5백 년 전까지도 운철을 가공해서 도구를 제작했던 것입니다.

아즈텍족을 비롯해 당시 아메리카의 여러 나라에는 우수한 금은 세공사들이 있었습니다. 구리와 청동으로 도구를 만들 줄 아는 대장장이도 있었고요. 그러나 산화철을 철로 제련하는 방법만큼은 그때껏 몰랐습니다. 고고학자들이 아메리카에서 선사 시대 퇴적물을 조사해 보았지만 땅속에서 철광석을 캐낸 흔적은 전혀 찾지 못했다고 합니다.

아메리카보다 철기 문명을 늦게 받아들인 지역도 있습니다. 바로 오세아니아입니다. 뉴기니인과 오스트레일리아 원주민들은 서기 1800년경까지도 철기는 고사하고 청동기조차 몰랐습니다. 뉴기니는 구리, 오스트레일리아는 철이 세계적으로 풍부하게 매장된 곳인데 말입니다.

철을 생산할 줄 알았던 유럽과 몰랐던 아메리카와 오세아니아. 유럽인이 아메리카와 오세아니아를 빠르게 접수할 수 있었던 데는 이런 차이도 큰 영향을 끼쳤습니다.

환경 파괴의 세계화

앞서 설명했듯 인간이 철을 제련하는 과정은 재료의 성질을 바꾸는 일입니다. 이건 토기, 구리, 청동도 마찬가지이지요. 그런데 재료의 성질은 저절로 바뀌지 않습니다. 연료부터 공짜가 아니지요. 연료를 얻으려면 대가를 치러야 합니다. 철을 손에 넣는 대신 다른 무언가는 잃을 수밖에 없지요. 이러한 섭리 때문에 철이 전 세계에 널리 퍼지면서 예기치 못한 문제들이 발생했습니다.

산화철을 제련하는 데 필요한 높은 온도를 유지하기 위해서는 땔감이 충분해야 합니다. 인간은 처음에 나무, 그다음에는 석탄을 사용했지요. 한데 나무와 석탄이 제련의 연료가 되면서 환경이 파괴되기 시작했습니다.

인간이 철을 생산하기 시작한 뒤로 2천 5백여 년 동안, 그러니까 11세기까지는 나무가 유일한 연료였습니다. 고대 그리스의 헤시오도스가 남긴 말은 짧지만 시사해 주는 바가 많지요. "철은 한적한 숲 속 골짜기에서 만들어지고, 어디에서 왔는지도 모르게 실려 나갔다."

인간은 나무를 베어서 곧바로 사용하지 않고 한 차례 가공했습니다. 고대 어느 날부터 갓 베어 낸 나무에서 물기를 제거하기 위해 바싹 굽기 시작했지요. 이때 가장 주의해야 할 점은 나무가 재로 변할 정도로 구우면 쓸모없어진다는 것입니다. 속도를 조절하며 서서히 구워야 하지요. 이렇게 하면 원래보다 부피가 4분의 1 정도로 줄어든 새로운 물질이 생겨납니다. 바로 숯입니다.

숯에는 탄소가 83~95퍼센트나 함유되어 있습니다. 높은 온도에서 산소와 쉽사리 결합하기 때문에 산화물을 환원시키는 데 알맞죠. 그래서 숯은 오래전부터 제련에 쓰였습니다.

철 생산이 늘어날수록 숯 사용량 또한 늘어났습니다. 그 바람에 곳곳에서 삼림이 사라졌지요. 삼림 고갈 현상이 얼마나 심각했는지 고대 그리스의 사례로 가늠해 볼까요? 기원전 600년 무렵 그리스 도시들의 삼림 면적은 전 국토의 60퍼센트였지만, 4백 년 뒤인 기원전 200년경에는 10퍼센트로 감소했다고 합니다. 물론 삼림이 줄어든 모든 책임을 철에만 떠넘길 수는 없겠지요. 나무는 난방과 요리에는 물론 토기를 굽고 청동을 제련하고 배를 만드는 데에도 쓰였으니까요. 그러나 유독 온도가 높아야 하는 철 제련 과정에는 틀림없이 막대한 나무가 사용되었을 것입니다.

로마 시대의 한 광산에서는 철을 제련하는 데 숯을 2천만 톤이나 소비한 것으로 추정됩니다. 숯을 이만큼 만들려면 목재가 1억 톤은 필요했을 거라고 하지요. 그리고 기원전에 아프리카 수단의 어느 지역에서는 철을 생산하기 위해 3백 년 동안 1,600세제곱미터의 목재를 썼다고 하는데요, 20미터짜리 나무를 매년 100그루씩 잘라 낸 셈이라고 합니다.

철 생산은 대규모 삼림 벌채를 초래했습니다. 그런데 삼림이 줄어든 것만으로 끝이 아닙니다. 삼림 감소는 동식물의 다양성 상실, 토양 침식, 기후 변화 등 또 다른 환경 문제로 이어지게 되지요.

철은 빠른 속도로 세계에 퍼져 나갔습니다. 기원전 1000년경부터 약 5백 년 동안 아메리카와 오세아니아를 제외한 대부분 지역에 철기 문명이 전해졌지요. 서아시아에서 꽃핀 철기 기술은 서쪽으로는 지중해를 거쳐 유럽 전역으로, 남쪽으로는 북아프리카를 거쳐 사하라 사막 이남으로, 동쪽으로는 이란을 거쳐 인도와 중앙아시아와 중국으로 건너갔습니다. 하지만 인간이 철의 비밀을 밝혀내려면 갈 길이 한참 남았습니다. 이제 겨우 첫걸음을 떼었을 뿐이지요. 그러나 철의 비밀로 향하는 걸음은 점점 커지고 빨라졌습니다.

4

서서히 밝혀지는 비밀들

철의 혁신

땅 위엔 흙이 있고, 땅 아래엔 철이 있다.

_『관자』

평원에 오르는 태양과 같이 가열하고 황제의 옷의 자홍색처럼 될 때까지
근육이 좋은 노예의 육체 안에 찔러 넣어 식혀라!
그러면 노예의 힘과 영혼이 칼로 옮겨져 금속을 단단하게 만들 것이다.

_발갈 신전의 연대기에 적혀 있는 다마스쿠스 검 제작법

드디어 지각 속에 잠들어 있던 철이 깨어났습니다. 그것도 세계 도처에서 말입니다. 철은 이제 세계사 교과서에서도 당당히 한자리를 차지합니다. '철기 시대'라는 이름으로 말이죠!

인간은 전쟁에서 승리하기 위해, 더 많은 곡식을 생산하기 위해 철을 깨웠습니다. 그리고 철을 이용해 권력을 차지하고 나라를 세우고 제국을 건설했지요.

문제는 인간이 지닌 욕망의 그릇을 결코 가득 채울 수 없다는 점입니다. 인간은 하나를 얻으면 또 다른 무언가를, 또는 더 나은 무언가를 끊임없이 바라기 마련이지요.

철과 관련해서도 마찬가지였습니다. 철 덕분에 많은 점이 편리해졌지만 고마운 마음보다 불만을 품기 일쑤였죠. 더 단단하면 좋겠는데, 더 많았으면 좋겠는데 하고 늘 아쉬워했습니다. 그러니 철을 가만 놔둘 리 있나요? 품질을 개량할 수 없을지, 더 많이 생산할 수 없을지, 새로운 고민과 시도가 끊이지 않았습니다.

철기 시대가 시작된 이래 인간은 한시도 쉬지 않고 철의 혁신을 꿈꾸어 왔습니다.

철을 단련시켜라

철 하면 가장 먼저 어떤 이미지가 떠오르나요? '강하다' 아닐까요? 여기에는 두 가지 의미가 담겨 있다고 봅니다. 하나는 철의 단단함, 다른 하나는 대량 생산되어 세상을 좌지우지하는 모습.

철이 애초부터 강했던 건 아닙니다. 인간이 철을 처음 생산할 때만 해도, 히타이트가 철의 제국으로 명성을 떨칠 때만 해도, 제련 기술이 서아시아 주변으로 퍼져 나갈 때만 해도, 철은 지금 생각하는 것만큼 강하지 않았습니다. 그리 단단하지도 않고 많이 생산되지도 않았지요.

철기 시대 초기, 인간은 철에 대해 아는 것이 별로 없었습니다. 그저 토기를 굽거나 청동을 제련할 때와 같은 방식으로 철을 제련한 정도였죠. 자, 그럼 인간이 초짜 시절에 철을 어떻게 만들었는지 살펴보겠습니다.

철을 제련하기 전에 몇 가지를 준비해야 합니다. 우선 노가 있어야겠죠. 그 당시 노는 무척 작았습니다. 구조도 간단했고요. 항아리

모양으로 돌을 쌓아 올리고 돌과 돌 사이 빈틈을 막기 위해 안쪽에 점토를 발랐습니다. 그러나 꼭꼭 틀어막으면 안 됩니다. 노의 몸체 옆에 바람구멍을 뚫어 주어야 했지요. 바람이 통해야 노의 온도를 높게 유지할 수 있거든요.

이제 노에 재료를 넣을 차례입니다. 우선 산화철 형태로 뭉쳐 있는 물질, 즉 철광석이 필요합니다. 그리고 철광석을 뜨겁게 달궈 줄 연료도 있어야겠죠? 연료로는 나무를 구워 만든 숯을 사용합니다. 철광석과 숯을 노에 넣고 다음 단계로 넘어갑시다.

드디어 숯에 불을 피워 제련을 시작합니다. 제련이라 하면 어떤 장면이 떠오르나요? 쇳물이 열기를 뿜으며 물처럼 노 밖으로 흘러 나오는 모습이요? 지금이야 철을 녹여 액체로 만드는 게 어려운 일은 아니죠. 그러나 인간이 그 정도로 온도를 높이는 단계에 도달하려면 아직 멀었습니다.

온도를 높이려면 노에 뚫어 놓은 구멍으로 바람을 넣어 주어야 합니다. 바람을 많이 넣을수록 온도는 더 높아지지요. 그러나 바람을 충분히 넣는다는 게 생각만큼 간단하지 않습니다. 왼손 오른손 바꾸어 가며 부채질할까요? 팔이 빠져라 한들 어림도 없습니다. 가죽 주머니를 만들어 오므렸다 폈다 해 볼까요? 힘들기는 부채질과 마찬가지입니다. 긴 시간 바람을 일으킬 수는 없지요. 노를 바람이 잘 부는 산비탈에 설치하면 어떨까요? 좀 낫긴 하겠지만 산이라고 해서 강한 바람이 쉼 없이 불지는 않습니다.

기술이 부족했던 옛날에는 온도를 올리기가 너무 어려웠습니다.

그나마 다행인 건 철의 녹는점까지 온도를 올리지 못해도 제련을 할 수는 있다는 사실입니다. 노 안의 온도가 1,000도쯤 되면 철광석에서 철이 삐져나오거든요. 그 철은 성기게 뭉쳐서 스펀지처럼 말랑말랑한 덩어리가 됩니다.

액체가 아니라 아쉽지만 고체면 어때요? 철기를 만들 수만 있으면 그만이죠. 그러나 문제는 아직 남았습니다. 노에서 뜨거운 철 덩어리를 꺼내야 하는데 어떻게 하면 좋을까요? 노가 식으려면 한참 기다려야 합니다. 그래서 투자한 시간과 재료가 아깝지만 애써 만든 노를 부수고 철 덩어리를 꺼낼 수밖에 없었습니다. 오래전 노는 일회용이었던 거죠.

과정이 어렵고 복잡하지만 철 덩어리를 손에 넣었습니다. 이제 원하는 물건을 만들 차례입니다. 그런데 또 한 번 실망에 빠집니다. 철 덩어리 표면에 구멍과 틈이 잔뜩 보였거든요. 철 덩어리라고 했지만 제련할 때 온도가 충분히 높지 않았기 때문에 아직도 덩어리 대부분은 산화철입니다. 게다가 철 외에 잡다한 원소도 섞여 있고요. 이런 철로는 모양을 그럴싸하게 다듬은들 질 좋은 철기를 만들기는 어렵습니다.

사실 철기 시대 초기에 생산된 철은 대부분 이랬습니다. 어쨌든 철기를 만들 수만 있으면 된 거 아니냐고요? 그러나 이 정도로는 만족하지 못하는 왕도 있었을 겁니다. 그런 왕에게 들들 볶여 하는 수 없이 다른 방법을 연구한 대장장이도 있었겠죠. 오랫동안 경험을 쌓은 끝에 제련 기술을 한 단계 끌어올린 대장장이도 있었을 법하고요. 아마도 철의 제국 히타이트에는 그런 왕과 대장장이가 많지 않았을까 싶습니다.

시행착오를 수없이 겪은 덕분일까요? 대장장이들은 한 가지 중요한 원리를 깨닫습니다. 철 덩어리를 불로 달구고 망치로 때리기를 반복하면, 산화철이나 불순물이 많이 제거되어 그럭저럭 순수한 철에 가까운 덩어리를 얻을 수 있다는 것을 말입니다. 이렇게 만든 철을 '연철'이라고 합니다.

'단련'이라는 말을 자주 쓰죠? 평소에 체력 단련을 게을리하지 말라고들 하잖아요. 어떤 일을 반복하여 몸에 익히는 것을 단련이라고 합니다. 그런데 단련은 원래 철 제련 분야에서 쓰던 용어입니다. 철 덩어리를 달구고 때리기를 반복하는 행위를 단련이라고 하지요. 이 말이 나중에 일상생활에서도 쓰이게 된 것입니다.

초기의 연철 생산 과정은 효율적이지 못했습니다. 철을 제련해서 제품을 생산할 때까지 시간도 노동력도 원료도 너무 많이 소모되었

1세기 무렵 로마의 대장간을 묘사한 부조.
노에 바람을 불어 넣는 사람과 달궈진 철을 단련하는 사람이 눈에 띈다.

지요. 그러나 왕이 "시간은 얼마든지 걸려도 좋아. 일꾼이 필요하면 말해. 원료도 부족하면 말하고. 내가 다 대 줄 테니까!"라고 하면, 대장장이로서는 만들지 못할 이유가 없습니다. 다만 결정적인 문제는 모든 걸 쏟아부어 만든 철기가 별로 단단하지 않았다는 겁니다. 살짝 힘을 줘도 구부러질 정도였지요. 연철의 강도는 청동에도 밀릴 지경이었습니다. 그에 관한 일화를 하나 소개하지요.

서기 1세기경, 로마와 켈트족이 전투를 벌였습니다. 엘바 섬의 철을 장악해 포에니 전쟁에서 승리한 로마는 켈트족을 제압하기 위해 지금의 영국을 공격했지요.

켈트족은 철제 무기를 사용했습니다. 그런데 그들은 로마군이 보기에 이해할 수 없는 행동을 했습니다. 전황이 불리하지도 않은데, 일정한 시간마다 후퇴했다가 진격하기를 되풀이했던 것입니다. 로마군은 나중에야 그 이유를 깨닫습니다. 켈트족은 자신들이 사용하는 철검이 잘 휘어지는 탓에 곧게 펴기 위해 수시로 후퇴했던 것입니다.

켈트족과 맞선 로마군의 모습도 어색하기는 마찬가지입니다. 일반 병사들은 철검을 사용하는데, 오히려 장교들은 청동검을 휘둘렀거든요. 이건 무엇을 의미할까요? 청동으로 만든 검이라도 최상품이라면 철검보다 강했던 것입니다.

철기 시대가 시작되었다고 해서 철기가 곧바로 다른 모든 도구를 압도한 것은 아니었습니다. 로마가 철을 기반으로 제국을 건설했다고 했지만, 이전 시대나 동시대 다른 민족에 비해 철 관련 기술이 뛰어났다는 의미로 받아들여야 합니다. 철은 여전히 청동과 경쟁하고 있었고 지금처럼 강함을 대표하는 존재는 아니었습니다.

대장장이는 마술사

고대인에게 운철은 '천상의 금속'이자 '하늘이 내린 선물'이었습니다. 철을 자연이 아닌 신의 영역에 속하는 것으로 보았지요. 그렇다면 인간이 직접 철광석을 제련해서 철을 생산한 뒤에는 그런 인식이 바뀌었을까요? 그렇지 않습니다. 옛사람들은 철광석에도 신성한 의미를 부여하곤 했습니다. 운철이 '하늘의 신'에게서 비롯되었다면, 철광석은 '대지의 신'이 남겨 주었다고 생각한 것이지요.

한편으로는 이해되기도 합니다. 과학을 몰랐던 고대인의 눈에는 돌덩어리가 철로 변하는 모습이 마술 같았겠지요. 그런 마술을 선보이는 대장장이는 마술사고요.

대장장이를 마술사로 여겼다는 사실은 더 고찰할 여지가 있습니다. 고대에 마술사란 지금처럼 재미있는 쇼를 연출하는 사람이 아니라 신비롭고도 무서운 존재였습니다. 그래서 대장장이도 기술자라기보다 불가사의한 힘을 다루는 마술사로 대우받았지요.

한편 고대 유럽인은 철을 식물 같다고 여기기도 했습니다. 자연이 창조한 것이기에 성장시킬 수도 있다고 믿었지요.

금광은 분명 살아 있는 수목이다. 뿌리가 통하는 길만 있다면 땅속 틈새나 부드러운 부분을 헤집고 위를 향해 가지를 계속 뻗어 내며, 대기로 나올 때까지 결코 생장을 멈추지 않는다. (…) 대지의 태내에서는 광석이 매일매일 커지고 있다. (…) 전지전능하신 하느님은 세상을 처음 창조하셨을 때 광물을 바위 속에 묻으시고 다른 피조물처럼 생장하도록 하셨다.

고대인은 금속을 채굴하고 나면 한동안 광산을 그대로 놓아두었습니다. 광산이 금속을 낳고 키우는 데 시간이 걸린다고 생각했거든요. 농부들이 작물을 수확한 뒤에 땅이 힘을 되찾도록 얼마간 부치지 않은 것과 같은 이치입니다.

철을 농작물처럼 직접 길러야 한다고 주장하는 사람도 있었습니다. "아는 것이 힘이다."라는 말로 유명한 영국 철학자 프랜시스 베이컨이 남긴 글을 볼까요?

어느 고대인들이 말하기를 키프로스 섬에서 나는 어떤 종류의 철은 작은 조각으로 잘라 땅에 심고 자주 물을 주면 더욱 크게 자라난다고 한다.

이처럼 일부 사람들은 금속이 자연 속에서 스스로 생장할 때까지 기다리기만 해서는 안 된다고 생각했습니다. 자칫 중요한 때에 금속이 모자랄지도 모르니까요. 그러니 금속이 잘 자라게끔 도와야 한다고 주장했습니다. 농부가 논과 밭에 물을 주고 비료를 뿌리듯이 말입니다.

동서양을 막론하고 고대 신화에는
대장장이 역할을 하는 신이 등장한다.

1 일본 신화의 이나리 신(왼쪽).
2 그리스 신화의 헤파이스토스(왼쪽).
3 멕시코 신화의 케트살코아틀.
4 고구려 야철신.

그러나 철광석으로 철을 만드는 비법은 아무나 몰랐습니다. 오로지 마술사, 즉 대장장이만이 철을 제련해 낼 수 있었지요. 그러니 사람들은 대장장이를 우러러볼 수밖에 없었고, 대장장이는 기술을 꼭꼭 숨기고 독점함으로써 기득권을 지키려 했습니다.

연철에서 선철로

철에 대한 고대 유럽인의 생각은 참 재미있고 기발하기까지 합니다. 그러나 철 생산 기술이 발전하는 데는 외려 걸림돌이 되고 맙니다. 유럽은 르네상스 시기까지 제철 분야에서 별다른 혁신을 이루지 못했는데, 철과 대장장이에 관한 미신에 가까운 인식이 주요 원인이 아니었나 싶습니다.

유럽이 오랜 침체에 빠져 있는 동안 발 빠르게 치고 나간 나라가 바로 중국입니다. 중국이 철을 생산하기 시작한 건 기원전 8~5세기경 춘추 시대이고, 본격적으로 철기를 만든 건 전국 시대부터라고 했지요. 여기에서는 이후 중국인들이 어떻게 제련 기술을 발전시켰는지 따라가 보겠습니다.

전국 칠웅의 1차 목표는 부국과 강병이었습니다. 나라가 부유해지려면 무엇이 필요할까요? 농업 생산력입니다. 군대가 강해지려면 무엇이 필요할까요? 전쟁 무기입니다. 부국과 강병이라는 목표를 동시에 실현시켜 주는 가장 좋은 수단은 철이었습니다.

전국 시대가 시작될 무렵만 해도 중국 역시 연철을 생산하고 있었습니다. 앞에서도 살펴보았지만 연철로는 단단한 농기구와 강한 무기를 제작할 수 없지요. 따라서 전국 칠웅은 연철보다 뛰어난 철을 만들기 위해 고심했습니다.

4세기 무렵 전국 칠웅의 군주들이 기다려 왔던 일이 벌어졌습니다. 새로운 철 제련법이 발견된 것입니다. 그런데 지금 '발명'이 아니라 '발견'이라는 단어를 썼지요. 새로운 철 제련법이 우연의 산물이었기 때문입니다.

늘 하던 방식대로 철을 제련하던 어느 날, 노의 밑으로 액체에 가까운 철이 흘러나왔습니다. 그날따라 바람이 많이 불었던 모양입니다. 이것을 처음 본 대장장이는 쓸모없는 철이라며 무시해 버렸습니다. 그런데 같은 일이 되풀이되자 점차 생각이 달라집니다. 액체에 가까운 철이 기존의 철 덩어리보다 질이 좋다는 사실을 깨달았거든요. 그리고 노에 더욱 강한 바람을 일정하게 불어 넣으면 질 좋은 철을 계속해서 생산할 수 있다고 확신했습니다. 마침내 대장장이들은 '풀무'를 개발해 냅니다. 풀무란 노에 공기를 집어넣는 기구로, 노동력을 덜 들이고도 바람을 일정하게 일으킬 수 있는 혁신적인 도구였습니다.

풀무에 힘입어 드디어 액체 상태 철을 생산할 수 있게 되었습니다. 이 철을 '선철'이라고 합니다. 당연하지만 선철은 액체 상태로 노에서 흘러나오기 때문에 어떤 용기에 담느냐에 따라 모양이 달라집니다. 이에 대장장이들은 청동기를 만들 때 쓰던 거푸집을 떠올

전국 시대에 발명된 풀무는 이후 개량을 거듭했다.
이 그림은 명나라 말기에 출간된 책 『천공개물』에 수록된 것으로 당시의 용광로를 묘사했다.
용광로 곁에서 두 사람이 상자 모양 풀무를 움직이며 바람을 불어 넣고 있다.

렸고, 액체 상태 선철을 거푸집에 부어 보았습니다. 다행히 거푸집
모양대로 제품이 완성되었지요. 거푸집을 활용하게 되면서 철기는
더욱 다양해졌습니다.

　필요한 철기를 만들고 철이 남을 수 있겠죠? 그럴 때는 선철을 식
혀서 일정한 모양으로 굳혔습니다. 나중에 이런저런 용도로 쓸 수
있었거든요. 굳힌 선철은 대장장이의 손을 거치면 언제든 철제 도
구로 탈바꿈했습니다. 선철을 단련해서 만든 도구는 연철로 만든
것보다 튼튼했지요.

또는 선철을 한 번 더 녹여서 거푸집에 부어도 됩니다. 이렇게 사용하는 철을 '주철'이라고 하지요. 선철을 바로 거푸집에 넣어 만드는 것과 공정은 비슷하지만 결과물은 좀 다릅니다. 주철 제품은 선철 제품보다도 단단한 반면 더 쉽게 부서졌지요.

선철은 교역품이기도 했습니다. 선철 생산량이 늘어나면서 여분이 생겨났고 이를 다른 나라에 수출했지요. 때로는 철이 화폐 역할을 하기도 했고요. 오늘날의 금괴처럼 말입니다.

연철보다 단단하다는 것 외에도 선철의 장점은 더 있습니다. 무엇보다 생산비가 크게 감소했지요. 연철을 생산할 때는 노가 일회용이었지만, 선철은 노에서 흘러나오기에 노를 부수지 않고 쉼 없이 가동해도 괜찮았거든요.

선철을 만들게 되면서 노의 구조도 변화했습니다. 우선 노를 부술 필요가 없어졌기 때문에 크기를 대폭 키울 수 있게 되었지요. 그리고 노 안에서 선철이 순조롭게 빠져나오게끔 새로운 장치도 고안되었고요. 이렇게 해서 탄생한 것이 용광로입니다. 용광로 덕에 철 생산 방식이 또 한 단계 도약하여 전보다 우수한 철을 많이 생산할 수 있게 되었습니다. 바야흐로 철은 서서히 '강함'을 갖추

전국 시대에 만들어진 철제 호미(위)와 칼(아래).

기 시작합니다.

선철은 전국 시대 사회를 확 바꾸어 놓았습니다. 무기뿐 아니라 쟁기의 보습, 호미 등 농기구도 철로 만들어졌지요. 그만큼 철 생산량이 늘어났다는 뜻입니다. 세계사 교과서에 단골로 등장하는 문장이 기억나나요? "철제 농기구의 등장으로 농업 생산성이 향상되었다." 철제 농기구로는 땅을 더욱 깊이 갈 수 있었고, 이는 곡물의 생장이나 지력 유지에 도움이 되었습니다. 잡초와 돌을 골라내는 일도 편해져서 농지 역시 넓어졌고요.

하지만 선철이 가장 큰 변화를 일으킨 분야는 역시 전쟁입니다. 철제 무기가 개량되고 생산량 또한 늘어나 전쟁터에서 철의 위상이 점점 높아졌습니다. 기원전 3세기의 기록에 "벌침같이 날카로운 철제 창"이라는 구절도 남아 있지요.

철제 무기는 점점 더 단단하고 예리해졌습니다. 당연히 살상력도 커졌지요. 철제 무기가 널리 퍼지면서 전쟁의 규모가 커지고 전사자도 엄청나게 증가했습니다. 전국 시대에 벌어진 어느 전쟁에 대한 기록 중에는 "6만 명의 목을 베었다."라는 구절이 있을 정도입니다. 국운을 건 총력전이 잦아져 한번 패하면 회복할 수 없는 지경에 이르렀지요. 결국 가장 강한 진나라만 살아남았습니다. 진시황제는 전국 칠웅 중 여섯 제후국을 무릎 꿇리고 중국 최초로 통일 제국을 건설하는 데 성공합니다.

물로써 불의 힘을 키우다

통일 제국 진나라는 진시황제가 죽자 불과 4년 만에 망했습니다. 한나라가 그 뒤를 이었지요. 한나라는 같은 시기의 로마와 견줄 만한 대제국이었습니다. 그러나 철 생산 분야로 범위를 좁히면 로마 제국은 상대조차 되지 않는답니다. 한나라는 제련 기술을 전국 시대 수준에서 한 단계 더 발전시켰거든요. 그 계기는 '수력 풀무'의 발명이었습니다.

전국 시대에 만들어진 풀무가 용광로의 온도를 크게 높인 건 사실이지만 여전히 많은 노동력이 필요했습니다. 한 기록을 보면, 광석을 실어 나르는 데 수백수천 명의 노동자가 투입되었을 뿐 아니라 풀무를 움직이는 데도 말이 수백 필 동원되었다고 하지요.

중국인들은 불의 온도를 높이기 위해 다양한 노력을 기울였습니다. 그리하여 한나라 때 수력을 이용하는 풀무를 개발해 내지요. 수력 풀무에서 가장 중요한 장치는 물살이 센 물가에 세워 놓는 커다란 나무 바퀴입니다. 물이 부딪쳐서 나무 바퀴를 돌리면, 그 힘이 풀무를 움직여 용광로에 강력한 바람을 불어 넣습니다.

수력 풀무를 이용하니 사람이나 말의 힘에 의지했을 때보다 훨씬 강한 바람이 일정하게 용광로 안으로 들어갔습니다. 용광로의 온도가 높아진 것은 물론이고, 철을 '물처럼 흐르는' 정도로 녹일 수 있게 되었지요. 산화철이 거의 완전히 철로 환원되었기 때문에 단련이나 재가열 같은 공정이 간단해졌고요. 효율이 좋아지고 공정이

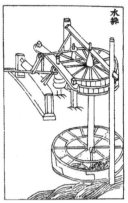

중국의 수력 풀무를 묘사한 그림. 원나라 농학자 왕정이 쓴 『왕정농서』에 수록된 것이다.

단순해졌으니 생산성도 더욱 높아졌습니다.

수력 풀무의 가장 큰 장점은 지속적으로 가동할 수 있다는 점입니다. 물이 마르지 않는 한 계속해서 바람을 일으킬 수 있었지요. 또한 상류에 둑을 쌓아서 물을 저장해 두면 계절에 따라 강물의 양이 변해도 항상 일정하게 물을 흘려보낼 수 있고요. 과장을 조금 보태 자면 용광로 속에 철광석과 숯을 넣는 대로 철이 만들어졌습니다.

철 생산량이 늘어나면서 한나라는 번영을 누렸습니다. 철은 전쟁과 농업에서 절대 빼놓을 수 없게 되었지요.

여기서 잠깐 질문을 하나 던져 봅니다. 인간이 생존하는 데 철만큼이나 중요하고 꼭 필요한 것이 하나 있는데, 과연 무엇일까요? 바로 소금입니다. 인간은 소금을 일정량 섭취하지 않으면 생존 자체가 불가능합니다. 그래서 중국은 일찍부터 소금 전매 제도를 실시했습니다. 국가가 소금의 생산과 판매를 독점함으로써 손쉽게 수입을 올린 것이지요.

그런데 한나라에서는 철에 대해서도 전매 제도를 실시했습니다. 철의 위상이 소금에 비견할 정도로 높아졌음을 보여 주는 상징적인 사건입니다. 비슷한 예로 한나라 때 출간된 『염철론』이라는 책이 있습니다. '염철론'이란 '소금과 철에 관한 논의'라는 뜻입니다. 이 책은 토론 형식으로 정치, 경제, 사회, 사상 등 국정 전반을 다루었는데, 정작 제목에는 '소금과 철'이 들어가 있습니다. 이 사실만 봐도 당시 사회에서 철이 얼마나 중요했는지 알 수 있지요.

중국의 마지막 전성기

중국의 철 생산량이 최고조에 이른 것은 송나라 때인 11세기입니다. 수력 풀무가 발명되고 천 년가량 지났을 무렵이지요. 1078년에 송나라에서 생산한 철에 대한 기록이 남아 있는데요, 그해에만 12만 5천 톤을 만들어 냈다고 합니다. 얼마나 많은 것인지 감이 잘 안 오죠? 6백여 년 뒤인 1700년경에 러시아를 제외한 유럽 전체에서 1년 간 생산한 철보다 많은 양입니다. 당시 송나라의 어느 제련소는 1년 동안 철을 1만 4천 톤 생산했다고 하는데, 같은 시기 유럽 전역의 생산량보다 많은 것이었지요.

송나라 때 철 생산량이 급증한 이유가 있습니다. 땔감으로 숯 대신 석탄을 사용했거든요. 이 사실은 송나라의 유명한 문인 소동파의 글에서도 확인할 수 있지요.

> 팽성에는 과거에 석탄이 없었다. 1078년 12월에 비로소 사람을 보내 백토진 북쪽에서 석탄을 찾아냈는데, 철광석을 녹이고 특별히 날카로운 무기를 만드는 데 사용되었다.

특히 송나라 사람들은 석탄을 코크스로 만들어서 땔감으로 사용했습니다. 5장에서 좀 더 자세히 설명하겠지만 코크스란 석탄에서 유황 성분 등을 제거한 순수한 탄소 덩어리입니다. 당시 제철업이 발달한 중국 북부 지방에는 삼림이 부족했는데, 코크스 덕분에 연료 문제가 해결되었습니다. 코크스는 불을 붙이기 어렵지만 숯보다 발열량이 훨씬 커서 생산성을 비약적으로 향상시켰지요. 중국은 유럽보다 약 7백 년 먼저 코크스를 사용했습니다. 물론 18세기 유럽에서 개발된 코크스보다는 질이 떨어졌지만 수백 년이나 앞서 나갔다는 것만으로도 대단하죠.

중국 북부에서 생산된 철은 운하를 통해 송나라 수도 카이펑으로 운송되었습니다. 거대한 금속 시장이나 다름없던 카이펑에서 철은 못, 냄비, 화폐 등등 다양한 물건을 만드는 데 사용되었습니다. 그러나 무엇보다 군사 분야에서 많이 쓰였지요.

송나라가 철을 주로 군사적 용도로 활용한 것은 당시 동아시아의 국제 정세와 관련이 있습니다. 송나라는 건국 이래 줄곧 거란, 여진

등 북방의 강력한 유목 국가들과 맞섰습니다. 먼저 거란이 중국 북부로 내려와 송나라를 위협했고, 그다음에는 여진이 거란을 몰아내고 황허 너머까지 건너와 송나라를 압박했지요. 이렇게 늘 유목 국가들에 시달리다 보니 송나라는 군사력을 기르는 데 집중할 수밖에 없었습니다.

그러나 송나라는 거란과 여진을 제압하지 못했습니다.

송나라 때에는 불탑을 철로 만들기도 했다. 사진은 중국 후베이 성 당양에 있는 사찰 위취안사(玉泉寺)의 철탑으로 중국 4대 철탑 중 하나이다.

다. 제철 기술은 뛰어났지만 철제 무기를 개량하는 역량은 부족했거든요. 오히려 제철 기술이 거란과 여진으로 새어 나가 두 나라의 군사력 강화를 돕고 말았지요. 거란과 여진은 자신들의 특기인 기병전에 개량한 철제 무기를 접목하여 더욱 강력해졌습니다. 결국 송나라는 거란과 여진에 차례로 밀리며 남쪽으로 내려갑니다.

여진은 송나라의 광산, 제련소 등 철 생산 기반을 장악했습니다. 그리고 철을 수출하기도 했죠. 질 좋은 철이 중국 주변으로 전파되었는데, 몽골 초원도 그중 하나였습니다.

칭기즈 칸은 중국 대륙에서 들여온 철로 무기를 개량하여 몽골

1258년 바그다드를 공격하는 몽골군. 우수한 철제 무기로 무장한 몽골군은
뛰어난 전략도 겸비해 전 세계를 휩쓸었다.

초원을 통일하고 사방으로 공격을 개시했습니다. 그 첫 번째 희생
자는 바로 여진이었지요. 여진은 막대한 이익을 벌어다 주던 철이
결국 화살이 되어 자신들을 공격할 줄은 몰랐을 겁니다. 1234년 몽
골은 여진을 정복합니다. 질 좋은 철을 만들어 내던 시설 역시 차지
했고요. 그리고 몽골은 이를 기반으로 서아시아와 유럽 원정에 성

공함으로써 대제국을 건설합니다.

강철의 탄생

철은 인간에 의해 혁신을 거듭했습니다. 지금까지 살펴본 바로는 중국인들이 주도했고, 연철의 단계를 넘어 선철과 주철을 생산하는 데 이르렀지요. 이 정도까지 철이 좋아졌으니 만족하고 안주했을까요? 대답은 아니올시다입니다. 목적지에 도달한 순간 또다시 출발선을 긋고 새로운 목표를 향해 출발하는 존재가 인간이니까요.

인간은 연철과 선철에 만족하기는커녕 더 큰 혁신에 목말라했습니다. 연철은 부드러워서 좋고 선철은 단단해서 좋다며 만족하는 것이 아니라, 연철은 걸핏하면 휘고 선철은 툭하면 깨진다며 불만을 품었지요. 그리하여 인간은 새로운 철을 욕망합니다. 그 바람에 부응한 것이 강한 철의 대명사, 강철입니다.

강철에 대해 이야기하기 전에 철의 종류부터 정리하겠습니다.

지금껏 '철'이라고 했지만, 엄밀히 따지면 연철과 선철은 모두 '철과 탄소의 합금'입니다. 순수한 철은 심지어 알루미늄보다도 무르다고 하지요. 숯이나 코크스를 이용해 제련하는 과정에서 탄소가 철에 들어가 비로소 단단해지는 것입니다. 철에 탄소가 얼마나 포함되느냐에 따라 녹는점, 강도, 연성, 탄성 등 성질이 천차만별로 변화합니다. 그래서 철의 종류를 구분할 때도 탄소 함유량을 기준으로 삼습니다.

연철은 탄소 함유량이 0.01퍼센트 미만입니다. 앞서 말했듯 연철은 노의 온도가 높지 않던 철기 시대 초기부터 만들어졌습니다. 손으로 구부릴 수 있을 정도로 물러서 망치 등으로 두들기면 잘 펴지지요. 현재도 전자기 재료나 장식용으로 쓰인답니다. 그다음에 한 단계 발전한 기술로 만든 것이 선철입니다. 선철은 탄소 함유량이 3.0~4.5퍼센트로 탄소가 많아 단단하긴 하지만 너무 단단한 탓에 잘 부러지는 것이 단점입니다.

두 철의 장점을 취하고 단점을 없애려면 어떻게 해야 할까요? 연철처럼 유연하면서 선철처럼 단단하면 더할 나위 없을 텐데 말입니다. 정답은 탄소 함유량을 조절하는 것입니다. 탄소가 연철보다는 많고 선철보다는 적게, 즉 0.02~2.0퍼센트 정도로 조절하는 거죠. 그렇게 해서 탄생한 것이 바로 강철입니다.

물론 옛사람들이 지금처럼 철과 탄소의 관계를 이해하고 계획적으로 탄소 함유량을 조절할 수 있었던 것은 아닙니다. 연철, 선철, 강철의 순서로 철을 발전시킨 것은 더더욱 아니고요. 철 생산 초기에 이미 세 가지 철이 뒤섞여 있었습니다. 점차 경험을 축적하여 원리를 터득하면서 철의 종류를 체계적으로 파악하게 되었지요.

강철이 언제 어디서 처음 등장했는지는 밝혀지지 않았습니다. 다만 일찍이 세계 곳곳에서 만들어진 것만은 분명합니다. 강함과 유연함이라는 두 마리 토끼를 모두 잡고자 하는 바람은 누구나 마찬가지였을 테니까요.

그러나 강철이라고 해서 다 똑같지는 않았습니다. 탄소 함유량을 조절한다는 것이 말이 쉽지 온도, 습도, 광석, 연료 등 수많은 요인에 영향을 받거든요. 따라서 지역과 시대에 따라 강철의 강함과 유연함도 저마다 달랐습니다.

가장 독보적이었던 것은 인도 강철입니다. 인도에서 강철을 생산한 흔적 중에는 기원전 300~200년의 것도 있지요. 또한 인도의 유적과 역사 기록에도 노에서 녹인 강철이 등장합니다.

특히 2천 4백 년 전 인도에서 우츠 강철을 만들었다는 기록에 주목해야 합니다. 우츠 강철은 망치로 쳐도 날이 무뎌지지 않는 날카로운 검을 만드는 데 주로 쓰였는데요, 앞서 살펴봤던 델리의 철 기둥 역시 우츠 강철로 만든 것입니다. 우츠 강철은 세계 곳곳으로 퍼져 나갔습니다. 페르시아, 아라비아, 시리아, 러시아를 비롯해 동아시아까지 수출되었다고 하지요.

인도 강철의 신비, 다마스쿠스 검

시리아 수도 다마스쿠스에는 살라딘의 동상이 있습니다. 살라딘은 이슬람 세계의 정치가이자 장군으로, 1187년 십자군을 격파하고 예루살렘을 탈환한 무슬림의 영웅입니다. 동상을 자세히 보면 살라딘이 쥔 칼이 눈에 들어옵니다. 이 칼의 이름은 '다마스쿠스 검'입니다.

다마스쿠스에 있는 살라딘의 동상. 말에 올라탄 살라딘의 오른손에 다마스쿠스 검이 쥐여 있다.

다마스쿠스 검은 인도가 원산지입니다. 우츠 강철로 만들어진 무기 중에서도 가장 유명하지요. 그런데 왜 '인도 검'이나 '우츠 강철검'이라 하지 않고 '다마스쿠스 검'이라고 부를까요? 서아시아의 지중해 동부에 위치한 다마스쿠스는 일찍이 무역 중심지였습니다. 인도에서 수출된 검이 다마스쿠스를 거쳐 사방으로 전해졌지요. 서기 300년 무렵부터는 교역에만 만족하지 못한 상인들이 직접 검을 제작하기 시작했고요. 그러니 여러모로 '다마스쿠스 검'이라 불릴 만합니다.

다마스쿠스 검은 매우 과학적으로 제작됩니다. 가장 큰 특징은 검날에 있는 물결무늬인데, 부위별로 제작 방법이 달랐기 때문에 나타나는 것이라지요. 검날 부분은 강도가 균일하도록 탄소를 고루 섞어 주어서 무늬가 없지만, 몸통 부분은 충격을 잘 흡수하도록 탄소의 분포 차를 크게 하기 때문에 무늬가 선명하다고 합니다. 한 작가는 이 검의 무늬가 마치 바람 부는 연못에

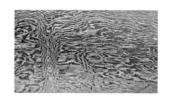

18세기에 만들어진 다마스쿠스 검을 확대한 사진. 불규칙한 물결무늬는 탄소 함유량의 차이 때문이라고 한다.

서 반짝반짝 빛나는 물결 같다고 묘사하기도 했습니다.

　다마스쿠스 검은 페르시아 지역에서 더욱 발전했습니다. 페르시아는 우츠 강철을 수입해서 최고 품질의 다마스쿠스 검을 생산했지요. 당시 페르시아 지역을 통치한 것은 사산 왕조(226~651년)인데, 다마스쿠스 검은 사산 왕조의 페르시아가 전쟁에서 동로마 제국을 누르고 강대국으로 우뚝 서는 데 큰 역할을 했습니다. 사산 왕조는 기병 부대를 다마스쿠스 검으로 무장시킴으로써 유럽의 거친 철검밖에 없었던 동로마군에 승리할 수 있었다고 합니다.

　7세기에 사산 왕조가 몰락할 무렵, 서아시아에는 이슬람 세력이 등장합니다. 이들 역시 세계 각지로 뻗어 나가는 과정에서 다마스쿠스 검을 사용했지요. 그 시기에는 인도 남부에서 제조된 다마스쿠스 검이 가장 뛰어났습니다. 그 명성이 너무도 자자해서 명품 감식가이자 수집가인 아바스 왕조의 칼리프 무타와킬은 다마스쿠스 검을 구하기 위해 막대한 재산을 들였다고 합니다. 무타와킬은 검을 구입하는 데 성공했지만, 훗날 이 검이 자신의 목을 겨누리라고

는 상상조차 하지 못했을 겁니다. 무타왁킬은 자신의 부관에게 이 검으로 살해당하고 맙니다.

한편 유럽은 이슬람 세력과 충돌하면서 다마스쿠스 검을 알게 되었습니다. 결정적 계기는 3차 십자군 전쟁(1188~1191년)이었지요. 영국 왕 리처드 1세가 이끄는 십자군은 다마스쿠스 검을 앞세운 살라딘의 군대를 보고 아연실색할 수밖에 없었습니다. 다마스쿠스 검이 자신들의 검과 갑옷을 단칼에 잘라 버렸으니 당연하죠. 다마스쿠스 검은 물결무늬 덕에 아름답고 신비로운 느낌을 자아냈고, 성능까지 우수해서 악마가 제조법을 알려 주었다는 소문도 돌았습니다. 결국 십자군은 목표했던 예루살렘을 탈환하지 못하고 물러납니다. 십자군의 유일한 위안거리라면 이 전쟁을 계기로 다마스쿠스 검과 우츠 강철을 유럽에 알릴 수 있었다는 것이었지요.

유럽에 강철이 전해졌지만 단번에 일반 병사들까지 강철 갑옷이나 무기를 사용할 수는 없었습니다. 제작비가 엄청나서 대량 생산을 할 수 없었던 데다 생산된 것마저도 기사들이 독점했거든요. 따라서 유럽은 13세기경 철제 무기로 무장한 몽골 기병대가 침입해 오자 속수무책으로 당할 수밖에 없었습니다.

우츠 강철은 강철 중에서도 단연 최고입니다. 현대 과학으로도 복원하기 힘들다는 다마스쿠스 검을 탄생시켰으니까요. 그렇다면 철의 혁신은 이제 완성된 걸까요? 아직은 아닙니다. 강철은 끝이 아니라 새로운 시작이었습니다. 이제부터는 짧은 시간에 적은 비용으

로 최대한 많이 강철을 생산하는 것
이 과제로 부상했고, 더 강한 강철을
만들기 위한 노력 또한 게을리하지
않았습니다. 철을 '더 많이' 그리고
'더 강하게' 만들기 위한 시도는 계
속됩니다.

15세기 이탈리아에서 만들어진
중세 기사의 갑옷. 전신을 철로 감싸
방어력이 뛰어났지만 움직임이
너무 둔해서 조롱받기도 했다.

5

더 많이, 더 강하게

강철의 대량 생산

결코 움직이지 않는 별이 있다네
결코 속이지 않는 항해술이 있다네
그것은 갈색 돌로 된 자석을 이용하는 것이지
_ 12세기 말 프랑스 시

어떤 풍경도 탄광보다 밝았고,
어떤 소리도 꽝꽝 내려치는 망치 소리보다 부드러웠으며,
어떤 볼품없는 방도 어둑어둑한 탄갱보다 쾌적했다.
_루이스 멈퍼드(미국 문명 비평가)

철이 서아시아에서 등장한 이래 인도와 중국이 철을 혁신했습니다. 연철에서 선철로, 그리고 최고 품질을 자랑하는 우츠 강철까지 등장했지요. 그러나 인도와 중국이 의미 있는 발전을 거듭하는 동안 유럽은 큰 발걸음을 내딛지 못했습니다.

로마 제국이 몰락하고 서양사에서 '암흑시대'라 불리는 중세에 접어들자 철 생산 분야에서 유럽은 아시아보다 천 년 이상 뒤지게 됩니다.

그러나 유럽은 르네상스 시기와 대항해 시대를 거치면서 반전의 계기를 마련합니다. 그리고 18세기 말~19세기 초에는 아시아보다 철을 많이 생산하게 되지요. 유럽은 어떻게 이삼백 년 만에 아시아를 앞질렀을까요? 지금부터 그 과정을 따라가 보겠습니다.

뒤늦은 혁신

앞서 말했듯 유럽의 중세는 보통 '암흑시대'라고 합니다. 로마 제국이 게르만족에 무너진 뒤 오랫동안 유럽 문명이 새로운 단계로 나아가지 못했다고들 인식하지요. 제철 분야도 별반 다르지 않습니다. 4장에서 살펴봤듯이 철을 신의 산물로, 제련을 신비로운 마술로 여기는 사고방식이 기술 발전에 장애가 되었으니까요.

그러나 암만 암흑시대라 해도 중세 천 년 동안 아무런 변화도 없지는 않았겠죠. 아시아보다야 미약하지만 유럽의 기술도 발전하긴 했습니다.

중세 초기인 850년 무렵, 한 차례 의미 있는 진전이 이루어집니다. 철이 농기구의 재료로 이용되기 시작했거든요. 특히 철로 된 쟁기가 등장했다는 게 중요합니다. 중세 유럽 농민들은 이 쟁기를 철제 축에 연결하고는 소가 끌게 했습니다. 철제 쟁기는 무거운 만큼 땅을 깊이 갈 수 있었고 그 결과 농업 생산성이 향상되었지요. 수확량이 어찌나 늘어났는지 먹고도 남아돌아서 시장에 내다 팔기도 했다네요. 물론 흔한 일은 아니었지만요. 한편 무기에도 변화가 일어났습니다. 대량 생산까지는 아니지만 도끼, 장검, 철퇴, 철창, 투구, 쇠줄 등이 만들어졌답니다.

수백 년 뒤인 14세기 무렵 또 한 차례 전환점이 찾아오는데, 유럽에서도 제련에 수력을 이용하기 시작한 것입니다. 1천 2백여 년 전 중국인들이 이 모습을 보았다면 참 한심해했겠지요.

서양은 수력 풀무를 개발함으로써 동양과의 기술 격차를 줄이기 시작했다.
사진은 17세기 미국에 설립된 소거스 철공소의 수차이다.

유럽의 제철 기술은 아주 오랫동안 제자리걸음만 했습니다. 여전히 연철에 머물렀고, 기껏해야 연철을 단련해 탄소량을 높임으로써 질 낮은 강철을 생산할 뿐이었지요. 그러나 수력 풀무를 개발하며 용광로에서 선철을 만드는 데 성공합니다. 1400년 무렵에는 스웨덴, 오스트리아, 벨기에 등 유럽 전역에서 용광로를 볼 수 있었다고 하지요.

많이 늦긴 했지만 그래도 수력 풀무는 유럽의 제철 기술 역사에서 큰 혁신이었습니다. 드디어 아시아와의 격차가 좁혀지기 시작했으니까요. 반면 그 무렵 중국의 철 생산량은 점점 감소했습니다.

송나라 초기에 전성기를 맞은 중국의 철 생산은 이후 내리막을

걷습니다. 1127년 송나라가 여진에 황허 강 이북을 빼앗겨 그곳의
제철 기반 시설과 석탄 매장지를 동시에 잃었기 때문이지요. 결정
타를 맞은 것은 1194년입니다. 이 해에 엄청난 수해를 당해 중국 북
부의 운하들이 붕괴되었거든요. 연료의 운반도, 철의 유통도 모두
힘들어졌지요. 그 뒤로 중국의 철 생산은 더욱 감소합니다.

유럽 역시 14~15세기에 세 가지 악재가 잇따르면서 위기를 맞습
니다. 1315~1322년에 기후가 변화한 것이 첫 번째 악재입니다. 이
시기에 유럽에는 무척 춥고 습한 날씨가 계속되었습니다. 이상 저
온 현상으로 곡물 수확량이 줄어들어 유럽 전역에서 기근이 발생했
지요. 두 번째 악재는 전쟁입니다. 당시 영국과 프랑스는 백년 전쟁,
장미 전쟁 등 장기간 이어진 전쟁으로 몸살을 앓았습니다. 마지막
악재는 1347~1351년에 창궐한 흑사병입니다. 몽골 제국에서 전파
된 흑사병은 유럽 전역을 휩쓸었습니다. 자연재해와 전쟁에 전염병
까지 겹친 결과 1400년의 유럽 인구는 1200년 수준으로 후퇴했습니
다. 영국은 인구가 무려 3분의 1로 줄었다지요.

그러나 이런 가혹한 시기에도 철은 쉬지 않고 생산되었습니다.
수력 풀무를 비롯한 제철 기술의 발전 덕분이었죠. 성장세가 잠시
주춤했던 건 사실이지만, 생산량은 꾸준히 늘어났습니다. 인구가
감소했음을 감안하면 1인당 철 사용량은 훨씬 증가한 셈입니다. 영
국의 통계치를 하나 소개하겠습니다. 1400년에 3만 톤이었던 영국
의 철 생산량은 1500년에는 4만 톤으로 어려운 상황에서도 꺾이지
않고 성장했다고 합니다. 다만 이 수치를 과대평가해서는 안 됩니

다. 송나라는 그보다 3백 년 전에 이미 철을 12만 5천 톤이나 만들어
냈으니까요.

철의 르네상스

　중세가 끝나고 유럽에서는 르네상스 운동이 시작됩니다. 제철 기술 역시 르네상스라는 흐름에 발맞추어 커다란 변혁을 이루어 내지요. 이 변혁은 중세 천 년 동안 일어난 두 차례의 진전과는 질적으로 달랐습니다.

　제련을 신비로운 마술로, 대장장이를 마술사로 여기던 인식이 이 무렵에 자취를 감춥니다. 르네상스 시기에 등장한 과학적 사고가 널리 퍼진 덕분인데요, 특히 인쇄술의 발달이 새로운 사고방식이 전파되는 데 크게 공헌했습니다. 금속을 연구한 책이 출간되면서 과학적으로 생각하는 제철업자도 나타났지요.

　그렇다면 마술, 즉 제련 비법을 간직하고서 오랫동안 기득권을 누렸던 대장장이들의 운명은 어떻게 되었을까요? 이 무렵에는 국가가 제철업을 장악하고 철 생산을 주도하기 위해 국영 제철소를 많이 설립했습니다. 대장장이들은 대부분 여기에 편입되었지요. 대장장이들이야 속이 쓰렸겠지만 기술이 발전하는 데는 분명 긍정적으로 작용했을 겁니다. 그동안 독불장군처럼 일하던 대장장이들이 한자리에 모여 너도나도 자기만의 비법을 풀어 놓았을 테니 시너지

효과가 엄청나지 않았을까요?

르네상스 이후 유럽인들은 제철 기술뿐 아니라 신제품 개발에도 박차를 가합니다. 철을 어떤 분야에 활용하면 가장 효과적일까 궁리했겠지요. 유럽인의 생각도 아시아인과 다르지 않았습니다. 역시 결론은 무기였거든요.

16세기는 세계 전쟁사에서 하나의 분기점이었습니다. 그 계기는 화약입니다. 특히 화약은 철과도 밀접하게 관련되어 있답니다. 화약이 발명된 건 중국 당나라 때이고, 송나라 때에는 화약 제조법이 크게 발전했습니다. 중국의 화약 제조법은 13세기 몽골 제국에서 이슬람 세계를 거쳐 유럽으로 전해졌습니다. 14세기 중반 유럽인은 화약을 활용하는 새로운 무기들을 개발하는데, 가장 대표적인 것이 대포입니다.

권력자들은 언제나 강한 대포를 원했습니다. 그래서 초창기 대포 제조업자들은 어떻게 해야 대포를 더 크게 만들 수 있을지 고민했습니다. 대포가 커야 더 큰 포환을 쏠 수 있고, 포환이 클수록 파괴력 또한 높아지는 법이니까요. 그런데 대포와 포환이 커지면서 한 가지 문제가 발생했습니다. 무거운 포환을 쏘기 위해 화약을 더 많이 사용했는데, 포신이 그 충격을 견뎌 낼 만큼 강하지 못했던 겁니다. 포신이 폭발하기라도 하면 아군에 엄청난 피해가 발생했지요. 이 문제는 1543년 청동제 대포보다 훨씬 튼튼한 철제 대포가 개발되며 해결되었습니다.

대포와 더불어 포환도 개량됩니다. 지금으로서는 상상하기 어렵

15세기에 유럽에서 만들어진
대포 몬즈 메그(위)와 대포로
성벽을 공략하는 장면을
묘사한 16세기 그림(아래).
포신의 구경이 56센티미터인
몬즈 메그는 150킬로그램이
넘는 돌 포환을 발사했다.
그에 비해 16세기 대포는
철 포환을 사용함으로써
크기가 대폭 작아졌다.

지만, 초창기에는 돌로 만든 포환을 사용했습니다. 그런데 포신이 강한 철제 대포가 등장하면서 돌 포환보다 위력이 높은 철 포환이 도입됩니다. 게다가 철 포환 덕에 대포의 크기를 줄일 수 있었지요. 철 포환을 발사하는 대포는 크기를 3분의 1로 줄여도 적의 성벽을 파괴할 수 있었습니다.

대포의 소형화에는 장점이 많았습니다. 우선 제작비가 줄었지요. 당시 영국은 유럽 대륙에서 기술자들을 불러다 강력한 철제 대포를 만들었는데, 제작비가 기존의 10분의 1도 되지 않았다고 합니다. 대포가 작아진 만큼 운반하기도 편해졌습니다. 예전에는 대포가 너무 큰 탓에 전쟁터에서 직접 제작해서 사용해야 했지만, 소형화 이후에는 제대로 된 시설에서 만들고 원하는 곳으로 옮겨서 배치할 수 있었지요.

화약의 성능을 최대한 끌어낸 철제 대포와 포환은 중세부터 이어진 전술을 뿌리째 뒤흔들었습니다. 성벽과 기사에 의존하던 봉건 영주의 군대는 화약과 결합한 철제 무기 앞에서 힘을 발휘하지 못했지요. 따지고 보면 철이 중세가 무너지는 데 한몫한 셈입니다.

세계사의 흐름을 바꾼 무기, 총

철제 대포와 나란히 등장한 무기가 하나 더 있습니다. 바로 총입니다. 총은 역사의 무대에 늦게 올랐지만, 다른 무기들과의 경쟁에서 끝까지 살아남아 현재도 널리 쓰이고 있습니다. 초창기 총의 위력은 어느 정도였을까요? 총과 관련된 역사적 사건은 무수히 많지만, 지금은 일본의 역사에 큰 영향을 끼친 한 전투에 대해 이야기해 볼까 합니다.

일본의 15~16세기는 '전국 시대'라고 불립니다. 중국의 전국 시대와 이름이 똑같으니 헷갈리지 않도록 조심합시다. 그 시기 일본에서는 지방 영주인 다이묘들이 백 년 가까이 치열한 경쟁을 벌였습니다. 16세기 후반에는 몇몇 강대한 다이묘 세력들만 남게 되었는데, 그중에서도 눈에 띄게 강한 다이묘가 다케다 신겐이었습니다. 다케다 신겐은 일본 최고라 칭송받는 기마 부대를 앞세워 다른 세력보다 우위에 서 있었지요.

그런 다케다 신겐에게 도전장을 내민 다이묘가 있으니, 오다 노부나가입니다. 그는 다케다군(軍)의 기마 부대를 이기기 위해 새로운 전술을 개발합니다. 그 중심에 총이 있었지요. 당시 일본에서는 총을 '철포'라고 불렀답니다.

총은 16세기 중반 유럽에서 일본으로 건너갔습니다. 포르투갈 상인이 일본에 총 두 자루를 전해 주었죠. 쏜살같이 날아가는 총알을 처음 본 일본인들이 얼마나 놀랐을지 상상이 되고도 남습니다.

오다 노부나가는 총을 본격적으로 전투에 활용하기로 마음먹습니다. 유럽의 총 제작자를 초빙해서 공장을 세우고 대량 생산을 시도했지요. 결국 그는 자신이 계획한 대로 총 수천 자루를 만들어 내는 데 성공합니다. 이제 준비는 끝났으니 다케다군과 한판 붙기만 하면 됐습니다.

1572년 오다 노부나가는 나가시노에 진을 칩니다. 방책을 세우고 그 뒤에 총 사수들을 배치했죠. 당시 다케다군은 신겐이 죽고 그의 아들이 이끌었지만 기마 부대는 건재했습니다. 철제 화살과 검을 든 다케다군 기마 부대는 맹렬한 기세로 오다군(軍)의 진영을 향해 돌진했습니다. 그러나 오다군이 퍼붓듯 쏘아 대는 총탄에 맞아 방책에 이르지도 못하고 픽픽 쓰러졌지요. 결국 이 전투는 예상을 깨고 오다 노부나가가 일방적으로 승리합니다.

나가시노 전투는 일본사에서 중요한 분기점입니다. 전국 시대가

나가시노 전투를 묘사한 회화. 오른쪽에서 달려드는 다케다군의 기마 부대에 대항하여 오다 노부나가는 방책 뒤에 총 사수들을 배치했다.

일본 전국 시대에 쓰인 화승총.

끝나고 일본이 통일되는 결정적 계기가 되었거든요. 또한 이 전투
는 세계사에서도 큰 의미가 있습니다. 일본 내에서 다이묘 간에 벌
어진 전투이긴 하지만 승패를 좌우한 것이 다름 아닌 유럽에서 전
래된 총이었기 때문입니다. 19세기 후반 이후 유럽 열강은 군사력
을 앞세워 전 세계를 정복하는데, 3백 년 전 나가시노 전투는 그 예
고편이었던 셈입니다.

철의 안내에 따라 바다로

나가시노 전투가 벌어질 무렵, 유럽은 '대항해 시대'라는 새로운
흐름을 맞이하고 있었습니다. 대항해 시대의 출발점은 콜럼버스의
항해입니다. 콜럼버스가 1492년 인도로 가는 항로를 찾아 나섰다가
아메리카 대륙을 발견한 사실은 다들 잘 알죠? 물론 유럽인의 입장
에서나 '발견'이고 아메리카에는 오래전부터 사람들이 문명을 일
구며 살아가고 있었습니다. 콜럼버스 이후 포르투갈의 바스쿠 다가

마가 아프리카 최남단을 돌아 인도에 도달하면서 유럽인은 아시아로 향하기 시작합니다.

유럽인이 이토록 기를 쓰고 먼 바다를 항해했던 이유는 무엇일까요? 단순히 호기심 때문에 막대한 예산을 들여 위험을 무릅쓰지는 않았겠지요. 아시아와 교역하고자 하는 욕망이 가장 큰 이유였습니다. 유럽에서는 특히 중국의 비단과 자기를 원했지요. 그런데 한 가지 문제가 있었습니다. 비단과 자기를 수입하는 대신 수출할 상품이 마땅치 않았던 겁니다. 물자가 풍부한 중국에서 원한 건 단 한 가지, 은이었습니다.

그런데 유럽에는 은이 많지 않습니다. 중국이 원하는 만큼 수출하기에는 턱없이 모자랐죠. 고심하던 유럽인들은 은을 구할 수 있는 곳을 떠올립니다. 얼마 전에 발견하고 식민지로 삼은 아메리카 대륙 말입니다. 유럽, 그중에서도 포르투갈과 에스파냐가 아메리카에서 은광을 개발했습니다. 은을 손에 넣은 유럽 상인들은 중국 남쪽 마카오나 필리핀에서 중국 상인과 교역했지요.

유럽과 아시아 사이에서 교역이 활발해지면서 세계는 점차 하나의 경제권으로 통합되었습니다. 그 중심에는 은이 있었지요. 바야흐로 은의 시대가 열린 것입니다.

그러나 따지고 보면 은의 시대의 이면에도 철이 자리하고 있습니다. 15~16세기 유럽 각국은 철제 무기 개발에 열을 올렸습니다. 용광로를 크게 만들고 제철소를 늘리고 경영 규모를 확대해서 총, 대포, 군함 등을 개발했죠. 유럽은 이때 쌓은 자신감이 있었기에 아메

당대 세계에서 가장 컸던 볼리비아 포토시의 은광을 묘사한 16세기 그림.
에스파냐는 포토시에서 캐낸 은으로 막대한 부를 쌓았다.

리카를 식민화하고 아시아로 진출할 수 있었을 것입니다.

대항해 시대에 망망대해를 항해하던 범선에는 작지만 매우 중요한 철이 있었습니다. 바로 나침반입니다. 나침반은 철이 없었다면 존재 자체가 불가능한 발명품입니다.

나침반은 어떤 원리로 작동할까요? 먼저 1장에서 언급한 지구의 구조를 다시 떠올려 봅시다. 액체 상태인 지구의 외핵에는 철이 많다고 했죠? 그리고 외핵에서 끊임없이 일어나는 대류 현상 때문에 지구 전체가 거대한 자석처럼 된다고도 했습니다. 나침반의 자침은 자성이 강한 자철석으로 만드는데, 지구 자기장에 영향을 받아 항상 남북을 가리킵니다. 그래서 바다 한복판에서도 나침반만 있으면 방향을 잃지 않는 것입니다.

나침반은 중국에서 발명되었습니다. 기원전인 전국 시대에 이미 일상생활에서 사용했다고 하지요. 나침반을 항해에 이용한 것은 송나라 때부터라고 합니다. 그 전까지만 해도 항해사들은 주로 별과 바람을 읽어서 자신의 위치와 방향을 파악했습니다. 그러나 구름이 잔뜩 끼면 별을 관측할 수 없습니다. 바람이 안 불면 그저 기다려야 했지요. 불규칙한 자연 현상에 기대다 보니 오차가 클 수밖에 없었고, 그 때문에 사고도 잦았습니다. 그러나 나침반이 쓰이면서 항해가 훨씬 안전해졌습니다. 이전보다 먼 바다까지도 나갈 수 있게 되었고요.

중국의 항해용 나침반은 이슬람 상인을 통해 아랍 세계에 전해졌고 12세기 무렵에는 유럽에도 알려졌습니다. 유럽인들은 나침반을 개량해 정확도를 더욱 높여서 원양 항해를 가능하게 했고, 이를 바탕으로 대항해 시대를 열었습니다.

숲을 잡아먹은 철

철을 제련하려면 철광석과 함께 땔감이 꼭 필요합니다. 앞서 3장에서 고대인들은 제련용 땔감으로 나무를 베어 가공한 숯을 사용했다고 설명했지요.

고대 중국에서 만들어진 나침반들의 복원 모형.

1 한나라에서 만들어진 '남쪽을 가리키는 국자'. 국자가 자철석이었던 것으로 추측된다.
2 삼국 시대에 만들어진 지남차. 수레가 방향을 바꾸어도 목상의 손은 계속 남쪽을 가리킨다.
3 물에 물고기 모양 자침을 띄운 나침반.
4 명주실에 자침을 매단 나침반.

중세의 사정도 고대와 크게 다르지 않았습니다. 중세에 철 제련소를 지으면서 가장 먼저 신경 쓴 것은 나무였습니다. 숲에 있는 나무를 거래할 권리를 독점하거나 물길로 나무를 운송할 수 있는 지역을 확보해야 했죠. 중세에도 땔감이 숯이었기에 제련소는 숲과 떼려야 뗄 수 없는 관계였습니다. 오죽하면 제련소는 '숲 공장', 제련소 노동자들은 '숲 사람'이라고 불렸답니다.

유럽의 삼림 면적은 중세 이후에도 계속 줄어들었습니다. 인구가 늘고 개간지가 넓어지고 철 생산도 활발해지니 그럴 수밖에요. 그런데 14세기 중반부터 잠깐이긴 했지만 삼림이 다시 늘어났습니다. 갑자기 무슨 일 때문이었을까요? 앞서 나왔던 이야기를 떠올려 보면 답을 찾을 수 있을 겁니다. 그렇죠. 14~15세기에 이상 기후, 전쟁, 전염병으로 인구가 급격히 감소했기 때문입니다. 인구가 줄어들어 나무를 덜 썼고, 이는 숲의 부활로 이어졌지요. 그러나 이런 현상이 오래 지속된 건 아닙니다. 인구가 증가하자 16~17세기에 다시 나무가 부족해졌거든요.

일상생활에 필요한 땔감을 충분히 구하지 못한 유럽 각지의 민중은 엄청난 고통을 겪었습니다. 땔감이 없다고 가정해 보세요. 그러면 불을 사용할 수 없습니다. 그래서야 요리, 난방 등 기본적인 생활조차 거의 불가능하죠. 민중의 고통은 쌓이고 쌓여서 폭발 직전 상태에 이르렀습니다.

당시 유럽 민중을 가장 열받게 하는 것은 제철소였습니다. 어마어마하게 많은 목재가 제철소로 들어가는 걸 보면 정말 참담한 기분이 들었겠지요. 1628년 독일의 한 제철소에서 방화 사건이 일어났습니다. 숲을 마구 유린하는 제철소에 격분한 농민들이 한밤중에 불을 질렀던 겁니다. 1695년 독일의 한 주민은 숲이 제철소의 돈벌이 수단이 되어 버린 현실을 안타까워하며 이렇게 말했다고 합니다. "지금까지는 굶주림으로 고통을 겪었는데, 이제는 나무가 부족해 고통을 겪는다."

그러나 상황이 나아질 기미는 전혀 보이지 않았습니다. 설상가상으로 삼림이 파괴되는 속도가 더욱 빨라졌지요. 17~18세기에 광산업이 번성하면서 목재 수요가 더욱 늘어났기 때문입니다. 갱도를 만들든 금속을 제련하든 나무는 빼놓을 수 없는 재료였으니까요.

석탄을 욕망하다

영국은 유럽에서도 손꼽히는 제철 강국입니다. 1588년 영국은 에스파냐가 자랑하던 무적함대를 무너뜨렸는데요, 철 생산량을 늘려 군비를 확충한 덕분이었습니다. 그러나 곧 위기가 찾아옵니다. 섬나라인 영국은 대륙에 비해 삼림 자원이 부족한 탓에 일찌감치 목재가 고갈되었거든요. 17세기 말에는 삼림이 차지하는 면적이 전국토의 16퍼센트 밑으로 떨어졌다지요.

가장 손쉬운 해결책은 외부에서 들여오는 것이었습니다. 영국은 스웨덴, 러시아 등 삼림이 풍부한 나라에서 목재를 대량 수입했습니다. 1666년 런던에서 대화재가 발생해 도시가 몽땅 불타 버리자 시가지를 재건하는 데 필요한 목재를 대부분 노르웨이에서 수입했다고 합니다. 그러나 언제까지고 수입에만 의존할 수는 없었겠지요. 영국은 숯을 대체할 수 있는 새로운 연료를 떠올렸습니다. 바로 석탄입니다.

사실 석탄을 연료로 처음 사용한 나라는 영국이 아닙니다. 석탄은 아주 오래전부터 지각 속에 잠들어 있었기 때문에 일찍이 그 유용성이 알려져 있었거든요.

정확히 어느 지역에서 석탄을 처음 사용했는지는 알 수 없지만, 가장 먼저 본격적으로 사용한 사례는 중국에서 찾아볼 수 있습니다. 앞서 11세기에 송나라에서 석탄을 이용해 철을 대량 생산했다고 소개했죠. 유럽은 송나라보다 늦게 석탄을 사용한 것 같습니다. 13세기 후반 중국에 갔던 마르코 폴로의『동방견문록』을 보면 짐작이 되지요.

중국에는 장작처럼 불이 붙는 '검은 돌'이 있다. 장작보다 화력이 훨씬 강하고 때로는 이튿날이 되어야 불이 꺼진다.

마르코 폴로가 석탄을 '검은 돌'이라고 하며 신기하다는 듯 묘사한 것으로 보아, 당시 이탈리아를 비롯한 유럽에서는 석탄이 널리 쓰이지 않았음을 알 수 있습니다.

다시 영국으로 돌아갈까요? 영국에서는 13세기부터 석탄을 사용했습니다. 처음엔 주로 난방을 하는 데 썼지요. 16세기에 접어들어서야 비로소 석탄을 대체 연료로 주목하고 채굴량을 늘렸습니다. 16세기 전반에 영국의 1년간 석탄 소비량은 20만 톤에 불과했지만, 17세기 전반에는 150만 톤까지 증가했습니다. 1662년 통계에 따르면 그해 영국은 영국을 제외한 전 세계에서 생산된 석탄의 다섯 배를 생산해 냈다고 하지요.

석탄은 매장량도 많고 비교적 값도 저렴해서 새로운 연료로 인기를 끌었습니다. 그러나 석탄에는 치명적인 약점이 있습니다. 나무에 비해 인체와 환경에 해로운 물질이 너무 많이 나온다는 것입니다. 특히 석탄 속에 있는 유황과 탄소 성분이 문제이지요. 석탄을 태우면 유황이 포함된 가스가 배출되는데, 이 가스는 폐 질환을 유발하고 건물을 부식시킵니다. 산성비의 원인이 되기도 하고요. 또한 석탄은 탄소 덩어리나 마찬가지라 불을 붙이면 이산화탄소를 대량으로 내보냅니다. 어느 정도까지는 숲이 광합성하며 흡수하겠지만 많은 석탄이 한꺼번에 불타며 이산화탄소를 뿜어내면 도저히 감당할 수 없지요. 이산화탄소 자체에는 별다른 독성이 없지만 대표적인 온실가스라 장기적으로 보면 지구 온난화 같은 문제를 일으킵니다. 그래서 현재는 전 세계에서 이산화탄소 배출을 줄이려 노력하고 있지요.

그러나 영국의 옛사람들은 석탄이 일으키는 환경 오염을 신경 쓸 겨를이 없었습니다. 잘 모르기도 했지만 오히려 걱정은 다른 데 있었지요. 석탄을 철 제련에 마음껏 쓰면 좋겠는데 그럴 수가 없었거

16세기 유럽의 광산을 묘사한 회화.
'광물학의 아버지'로 알려진 독일 과학자 게오르기우스 아그리콜라의 책
『광물에 관하여』에 수록된 것이다.

든요. 석탄의 유황 성분이 제련 과정에서 불순물로 작용하여 철의 질을 떨어뜨린 것입니다. 이제 인류는 새로운 과제와 맞닥뜨립니다. 석탄에서 유황을 제거하라!

세계 최초의 철교

인류가 어떻게 석탄을 제련에 이용했는지 살펴보기에 앞서 잠시 숨을 고르겠습니다. 이번 이야기도 영국이 배경입니다.

영국 중서부의 슈롭셔 주에 아이언브리지 계곡 박물관 트러스트 (Ironbridge Gorge Museum Trust)가 있습니다. 1967년에 설립된 이곳에는 빅토리아 시대에 번성했던 공업 유적지와 박물관들이 모여 있지요. 콜브룩데일 철 박물관도 그중 하나입니다.

콜브룩데일에 철 박물관이 들어선 데는 그럴 만한 이유가 있습니다. 철의 역사에 길이 남을 혁신이 이루어진 곳이거든요. 이를 상징하는 건축물이 계곡 이름이기도 한 아이언브리지입니다. 말 그대로 철(iron)로 만든 다리(bridge), 즉 철교지요.

아이언브리지는 콜브룩데일의 세번 강에 놓인 다리입니다. 선박이 아래로 다닐 수 있도록 아치형으로 만들었죠. 길이가 42.7미터니까 지금으로 치면 그렇게 긴 다리는 아닙니다. 그럼에도 불구하고 아이언브리지가 중요한 것은 '세계 최초의 철교'이기 때문입니다.

이 다리는 산업 혁명이 시작되면서 물자 운송이 증가했기에 등장

지금도 아이언브리지는 많은 방문객을 맞아들이고 있다.

할 수 있었습니다. 당시 세번 강은 유럽에서 물자가 두 번째로 많이 오가는 곳이었습니다. 따라서 사람들은 철로 된 견고한 다리가 필요하다고 생각했을 겁니다. 또 다른 의도도 있었다고 합니다. 영국의 기술을 과시하고 콜브룩데일을 홍보하려는 것이었죠. 실제로 아이언브리지가 건설된 뒤에 유럽과 미국에서 많은 시찰단이 몰려왔습니다.

아이언브리지를 만든 사람은 제철업자 에이브러햄 다비 3세입니다. 그는 3,000파운드라는, 당시로서는 천문학적인 재산을 투자해서 378톤의 철을 공급했습니다. 다비의 후원에 힘입어 아이언브리지는 착공한 지 1년 6개월 만인 1779년 5월에 완공됩니다. 아이언브리지는 철로 만든 다리답게 매우 튼튼했습니다. 1790년대 말 세번강에 큰 홍수가 일어나서 다른 다리들이 거의 다 파손된 와중에도 아이언브리지만은 제자리를 굳건히 지켰다고 하지요.

아이언브리지 건설에 가장 크게 공헌한 사람은 당연히 다비 3세이지만 염두에 두어야 하는 것이 있습니다. 다비 3세는 제철 기술자 집안 출신이며, 선대가 쌓아 온 기술이 없었다면 아이언브리지를 만들 수 없었으리라는 사실이지요. 그렇다면 다비 3세의 조상은 어떤 사람들이었을까요?

석탄이 아니라 '코크스'

제철 기술과 얽힌 다비 가문의 이야기는 다비 3세의 할아버지이자 제철업자인 에이브러햄 다비 1세에서 시작됩니다. 다비 1세의 가장 큰 고민은 석탄과 철광석의 궁합이었습니다. 앞서 석탄의 유황 성분 탓에 철의 질이 떨어졌다는 얘기를 했지요. 다비 1세는 이 문제를 해결하기 위해 연구에 매달렸고, 결국 1709년에 새로운 코크스 제조법을 개발해 냅니다.

코크스란 석탄에서 수분과 유황을 비롯한 잡다한 성분을 제거해 순수한 상태에 가깝게 만든 탄소 덩어리입니다. 보통 잘게 부순 석탄을 밀폐된 용기에 집어넣고 1,000도 안팎으로 여러 시간 가열해서 만들지요. 코크스는 불을 붙이기 어렵지만 석탄보다 발열량이 훨씬 커서 용광로의 온도를 높이는 데 적합합니다. 유황 성분을 제거한 덕에 철의 질을 걱정할 필요도 없고요.

사실 코크스 제조법을 처음 개발한 사람은 다비 1세가 아닙니다. 그보다 5백여 년 전에 중국 송나라에서 코크스를 이용해 철을 제련했거든요. 영국에도 1627년 무렵에 이미 코크스 제조법이 알려져 있긴 했지요. 그러나 석탄에서 불순물을 제거하는 기술은 다비의 코크스 제조법이 월등히 뛰어났습니다.

코크스를 쓰게 되자 영국 제철업의 규모가 급격히 커졌습니다. 숯을 사용할 때와는 비교조차 할 수 없는 어마어마한 변화였지요. 다비 1세의 아들 다비 2세도 기술 개량에 매진하며 사업을 더욱 번창시켰습니다. 할아버지와 아버지가 축적한 기술 덕에 다비 3세는 아이언브리지를 세울 수 있었습니다.

그러나 영국이 코크스 제조법을 발명했다고 해서 곧바로 제철 최강국이 된 것은 아닙니다. 코크스를 이용한 철 생산에는 여전히 과제가 남아 있었거든요. 첫째는 석탄을 채굴하는 비용이 만만치 않았다는 것입니다. 둘째는 코크스에도 미세하게나마 유황 성분이 남아서 철의 질을 떨어뜨린다는 것이었지요. 영국은 이 두 가지 문제를 해결한 뒤에야 스웨덴과 러시아를 앞서는 제철 강국이 될 수 있었습니다.

첫 번째 문제는 증기 기관이 발명되며 해결되었습니다. 당시 탄광에서는 채굴 도중에 지하수가 자주 터졌는데요, 그러다 보니 작업이 더뎌지고 익사 사고로 이어지는 경우도 있었습니다. 채굴이

석탄의 일종인 역청탄(왼쪽)을 몇 시간 동안 밀폐된 공간에서 가열하면
불순물이 제거된 코크스(오른쪽)가 만들어진다.

어려운 탓에 석탄은 비쌀 수밖에 없었지요. 하지만 증기 기관을 이
용한 배수 기계가 등장해 지하수 걱정을 덜게 되면서 석탄 생산량
이 늘어났습니다. 많이 생산된 만큼 가격은 싸졌고요. 증기 기관에
대해서는 다음 장에서 좀 더 자세히 다루겠습니다.

　두 번째 문제는 코크스 제조법이 나온 지 75년 만인 1784년에 극
복되었습니다. 헨리 코트라는 제철업자가 퍼들식 제련법을 개발해
냈거든요. 퍼들식 제련법이란 코크스를 연료로 쓰는 반사로 속에서
선철을 녹여 탄소를 제거하는 방법입니다. 반사로는 천장에서 열을
반사시켜 금속을 녹이기 때문에 철이 코크스와 직접 닿을 일이 없
습니다. 그래서 코크스의 유황 성분이 철에 배어드는 걸 막을 수 있
었지요.

헨리 코트가 고안한 반사로의 구조를 묘사한 그림.
철광석을 노의 가운데에 두고 연료는 왼쪽의 분리된 공간에서 태우기에
코크스의 불순물이 철에 흡수되지 않는다.

　게다가 반사로 속에 녹아 있는 쇳물을 휘저어 주면 그 속에 있는
여러 불순물이 증발하여 없어진다는 사실이 밝혀졌습니다. 그리고
쇳물이 식어 붉고 뜨거운 점성체가 되었을 때 그것을 무거운 롤러
사이로 통과시키면서 간격을 조절하면 원하는 두께로 성형할 수 있
는 데다 이때 가해지는 힘으로 불순물이 더 제거된다는 것도 알게
되었지요.

　코크스를 제련에 이용하는 데 걸림돌이 없어지면서 영국의 제철
산업은 20~30배에 달하는 비약적인 생산력 발전을 이룩했습니다.
산업 혁명 또한 급물살을 탔지요.

강철의 대량 생산 시대가 열리다

18세기까지만 해도 강철 생산은 인도, 중국 등 아시아 국가들이 주도했습니다. 그러나 현재의 기준으로 보면 당시 강철이 결코 뛰어난 것은 아니었습니다. 다마스쿠스 검처럼 현대 과학 기술로도 복원하기 어려운 뛰어난 강철이 있긴 했지만, 그나마도 시간과 비용이 너무 많이 들어 극히 소량만 생산되었지요. 강철의 질은 한참 동안 제자리걸음 상태였고 대량 생산도 이루어지지 않았습니다.

영국에서 다비 가문과 헨리 코트에 의해 코크스가 연료로 자리 잡고 철 생산량이 늘어났지만, 그들이 만든 것도 선철이나 연철일 뿐 강철은 아니었습니다. 그 당시 유럽에서 강철은 보통 연철에 탄소를 더하여 만들어 냈는데, 이 방법은 시간이 오래 걸릴뿐더러 연료도 많이 소비했습니다. 산업 혁명으로 강철 수요는 점점 늘어나는데 도저히 그만큼 공급할 수 없었지요. 19세기 중반 헨리 베서머라는 영국 제철업자가 등장하기 전에는 말입니다.

헨리 베서머는 활자 주조업자의 아들로 태어났습니다. 성인이 되어서는 합금과 청동 분말을 생산하는 회사를 차렸지요. 탄탄대로를 걷던 베서머는 크림 전쟁을 계기로 새로운 도전에 나섭니다. 크림 전쟁은 영국과 프랑스 등 연합군이 흑해에서 러시아와 벌인 전쟁으로 전황이 치열해지면서 신무기 수요가 증가했습니다. 베서머도 그 와중에 신무기 개발에 뛰어듭니다.

베서머는 프랑스군으로부터 포환 제작을 의뢰받았습니다. 베서머가 납품한 포환은 성능이 무척 뛰어났지만 프랑스군은 그 포환을 쓸 수 없었습니다. 포환의 성능이 너무 좋아서 프랑스군의 대포로는 감당할 수 없었고, 발포 도중에 폭발할 위험이 컸거든요.

베서머는 자신의 포환을 쏠 수 있는 초강력 대포를 만들기로 작정합니다. 사실 답은 가까운 곳에 있었습니다. 대포를 선철 대신 강철로 만들면 되니까요. 강철 제조법을 몰랐던 것은 아니지만, 문제는 강철의 가격이었습니다. 프랑스군이 대량으로 구입하기에는 너무 비쌌던 것입니다. 베서머는 근본적인 질문을 던졌습니다. "강철을 값싸게 대량 생산할 수는 없을까?"

이런 궁리를 하던 어느 날, 베서머는 철광석을 녹인 뒤 용광로 속에 덩어리째 남아 있는 선철을 발견했습니다. 베서머는 용광로에 바람을 세게 불어 넣을수록, 즉 산소가 많이 들어갈수록 선철 덩어리가 많이 남는다는 사실을 알아냈지요. 그런데 이 선철 덩어리는 너무나도 단단해서 쇠망치로 내리쳐도 깨지지 않았고 잘 녹지도 않았습니다. 의아해서 성분을 분석해 보니, 선철인 줄 알았던 덩어리가 실은 강철이었습니다. 마침내 강철을 대량 생산하는 길이 열리는 순간이었습니다.

선철을 녹이고 산소를 주입해서 탄소를 제거하면 강철이 만들어진다. 간단해 보이지만 베서머의 발명은 강철 생산에 혁명을 일으켰습니다. 첫째, 시간 절약입니다. 연철에 탄소를 주입해서 강철을 만들려면 며칠씩 걸리지만 선철에서 탄소를 제거하여 강철을 만드는 방식은 불과 30분이면 충분했습니다. 둘째, 연료 절감입니다. 강

베서머가 고안한 전로의 단면을 그린 그림(위)과
박물관에 전시되어 있는 베서머 전로(아래).
아래쪽 사진의 전로는 1975년까지 제철소에서
사용되었으며 현존하는 베서머 전로 3개 중 하나다.

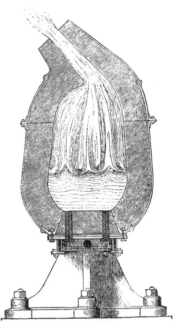

철을 만드는 시간이 줄어드니 당연히 연료도 적게 소모되겠지요. 게다가 베서머의 방식은 일단 선철을 녹이기만 하면 산소 덕에 온도가 유지되어서 연료를 계속 공급하지 않아도 괜찮았습니다.

1856년 베서머는 종전의 강철 제조법과 비교도 안 될 만큼 빠르고 경제적인 제강법을 발명했음을 세상에 알렸습니다. 인간은 드디어 강철의 대량 생산 시대를 맞이합니다.

6

더 멀리, 더 높이

교통과 건축의 발전

철도는 어떤 조약이나 선언문, 또는 어떤 전쟁보다 확실하고 간단하게,
그리고 빠르게 미국을 하나로 만들었다.
_ 데버러 캐드버리(영국 역사 저술가·방송국 프로듀서)

2001년 뉴욕의 쌍둥이 빌딩을 앗아 간 그 잔혹함조차도 남보다 높이
짓고자 하는 인간의 뿌리 깊은 욕망을 누그러뜨리지는 못했다.
_데이비드 하비(영국 인류학자·지리학자)

현대 문명을 한눈에 보여 주는 것 두 가지를 꼽으라고 하면, 저는 교통수단과 고층 빌딩을 고르겠습니다. 하늘 높이 우뚝 솟은 빌딩 숲, 그 사이를 오가는 자동차와 그 아래를 달리는 지하철, 그리고 멀리 떨어진 곳으로 사람과 물자를 실어 나르는 비행기와 철도. 이와 같은 경관이 만들어진 건 산업 혁명이 일어난 19세기부터였고, 산업 혁명을 가능케 한 것은 바로 대량 생산된 강철입니다.

철이 더 강해지고 많아지면서 인간의 마음속에는 새로운 욕구가 꿈틀거렸습니다. 상품을 빠른 시간에 대량 생산하고 싶었는데, 철로 만든 증기 기관과 각종 기계들이 가능하게 해 주었습니다. 상품을 더 많은 사람들에게 팔고 싶고 원료와 노동력을 더 많이 갖고 싶었는데, 철로 만든 철도와 증기선 덕에 욕망이 충족되었지요.

산업 혁명으로 시작된 자본주의 시대는 사람과 물자를 한곳으로 집중시켰습니다. 그 결과 사람과 물자가 밀집된 곳, 즉 도시들이 생겨났지요. 한정된 도시에 사람과 공장과 사무실이 계속해서 모여들었습니다. 이들을 모두 수용하려면 고층 건물이 필요했지요. 그래서 인간은 하늘 높은 곳을 향해 철근을 세우고 건물을 올렸습니다.

산업 혁명 이후, 인간의 욕망은 철을 통해 마음껏 발산되었습니다. 철도를 깔아 더 멀리, 철근을 쌓아 더 높이 말이죠.

증기 기관을 탄생시킨 철

산업 혁명 하면 가장 먼저 떠오르는 것은 역시 공장입니다. 수많은 노동자들이 기계 앞에 서서 작업하는 모습이 대표적이지요. 그러나 산업 혁명이 공장 안이 아니라 밖에서 시작되었다면 믿기나요? 산업 혁명은 뜻밖에도 광산에서 시작되었습니다.

앞서 살펴봤듯 영국의 철 생산량은 16세기부터 크게 늘어났습니다. 석탄 사용량이 많아진 것도 그 무렵입니다. 그러니 철광석과 석탄을 캐내는 광산도 활기를 띠었죠. 광산 채굴은 초기만 해도 그리 어렵지 않았습니다. 지표면에 드러나 있는 광물을 긁어내기만 하면 되었지요. 그러나 채굴량이 늘어날수록 작업이 점점 험난해졌습니다. 광물을 찾아 땅속으로 깊이 파 들어가야 했으니까요.

갱도가 깊어질수록 광부들의 작업 조건은 열악해졌습니다. 가장 심각한 문제는 갱내의 물이었지요. 채굴 도중에 지하수가 터져 나와 갱도로 차오르는 바람에 익사 사고가 빈번히 발생했거든요. 따라서 물을 갱 밖으로 퍼내는 것이 무엇보다도 중요했습니다.

처음에는 사람이나 동물의 힘으로 물을 퍼 날랐습니다. 수력이나 풍력도 이용해 보았지요. 그러나 모두 효율성이 떨어졌습니다. 광산업자들은 좀 더 편리한 동력 장치가 없을까, 일정한 시간마다 물을 빼낼 수는 없을까 고민했습니다.

그 결과 개발된 것이 증기 기관입니다. 산업 혁명을 이끈 증기 기관이 실은 광산에서 탄생한 것입니다. 이제 산업 혁명이 광산에서 시작되었다고 말한 이유를 알겠죠? 증기 기관을 처음 실용화한 사람은 영국의 철물상 뉴커먼입니다. 그의 증기 기관은 광산에서 배수용 기계로 큰 인기를 끌었습니다.

이후 증기 기관은 진화를 거듭했고 18세기 중반 혁신을 맞이합니다. 그 주인공은 영국 기술자 제임스 와트입니다. 와트가 개량한 증기 기관 1대가 석탄광에서 남자 200명이 퍼내는 것과 맞먹는 양의 물을 퍼냈지요. 와트의 증기 기관은 대량 생산도 되어서 영국은 증기 기관을 2천 대 넘게 보유하게 되었습니다.

철과 석탄에 대한 욕망에서 비롯된 증기 기관은 광산에만 머물지 않았습니다. 1782년 와트가 피스톤의 왕복 운동을 회전 운동으로 바꾸면서 증기 기관은 산업용 동력 장치로도 활약하게 됩니다. 그 결과 기계를 이용한 대규모 공업이 가능해졌고 산업 혁명도 궤도에 올랐지요.

증기 기관은 바야흐로 대량 생산의 시대를 열었습니다. 그런데

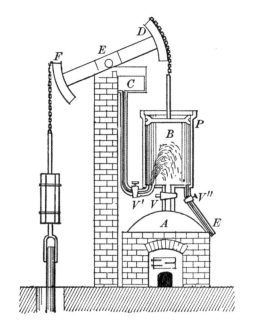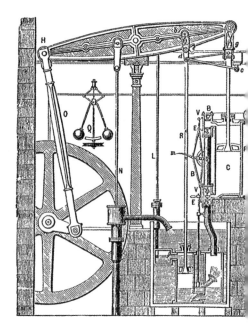

뉴커먼이 상용화한 증기 기관(왼쪽)과 그것을 개량한 와트의 증기 기관(오른쪽).

자고로 상품이란 팔려야 합니다. 그래야 끊임없이 제품을 만들어서 이윤을 창출할 수 있죠. 상품을 원활하게 판매하려면 반드시 필요한 것이 있습니다. 상품을 운송하는 교통수단입니다. 교통수단이 뒷받침되지 않아 제때 상품을 공급할 수 없다면 아무리 빠르게 많이 생산한들 소용이 없겠죠.

트레비식이라는 기술자가 이 문제를 고민했고 증기 기관을 철도의 동력으로 활용하는 데 성공합니다. 증기 기관을 교통수단에 사용한다! 그야말로 '교통 혁명'이라 불러도 손색없지요.

영국의 산업 혁명이 '혁명'으로 불리는 것은 기계를 이용한 대량 생산이 가능해졌기 때문만은 아닙니다. 상품을 실어 나르는 새로운 교통수단, 즉 철도와 증기선의 발명도 혁명에 한몫했지요. 특히 철도는 이름부터 철로 만든 길이니 먼저 자세히 살펴보겠습니다.

'누가 나를 따라잡으라'와 '로켓'

철도는 어떻게 만들어졌을까요? 재미있게도 철도 역시 광산에서 태어났습니다. 증기 기관처럼 말이죠.

다시 16세기 영국의 광산으로 가 보겠습니다. 갱도에서 문제가 되는 건 지하수만이 아니었습니다. 갱도가 길어질수록 채굴한 광물을 바깥으로 운반하는 일이 어려워졌죠. 광산업자들은 갱도에 레일을 깔 생각을 했습니다. 처음에는 나무로 만든 레일이었지만 나무는 아무래도 튼튼하지 않았습니다. 마찰이 커서 바퀴를 빨리 굴릴 수도 없었고요.

이윽고 광산업자들은 철제 레일을 떠올렸습니다. 마침 철 생산도 증가해서 충분히 가능해 보였죠. 레일을 철로 만들자 모든 것이 좋아졌습니다. 마찰이 줄어 바퀴를 움직이기 수월해지니 운반 속도가 빨라졌고 나무 레일보다 내구성도 향상되어서 한 번에 더 많은 광물을 실어 나를 수 있었지요.

증기 기관이 그랬듯이 철제 레일도 새로운 욕망을 자극했습니다.

'철제 레일을 갱도 밖에서는 사용할 수 없을까?' '철제 레일을 이용해 철광석과 석탄을 제철소로 운반할 수 없을까?' 이런 욕구를 충족시키려면 기관차가 필요했습니다. 갱내에서는 차량을 손으로 밀거나 말로 끌면 되었지만 몇백 킬로미터 떨어진 도시까지는 어림도 없으니까요. 그리하여 증기 기관으로 움직이는 차량인 증기 기관차가 발명됩니다.

증기 기관차는 1804년에 처음 등장했습니다. 개발자는 앞에서도 말했듯 영국 기술자 트레비식이었지요. 트레비식은 자신이 만든 세계 최초의 증기 기관차로 선철 10톤과 승객 70명을 실은 다섯 차량을 이끌고, 시속 약 9킬로미터로 18킬로미터를 이동해 냅니다. 그리고 연구에 연구를 거듭한 끝에 시속 19킬로미터로 달릴 수 있는 기관차를 개발했지요. 한데 이 기관차에 붙인 이름이 재미있습니다. 최고 시속 19킬로미터에 불과한 기관차의 이름이 '누가 나를 따라 잡으랴'(Catch me who can)였거든요.

철도가 널리 퍼지는 데는 시간이 좀 더 필요했습니다. 1825년 영국에서 조지 스티븐슨이 세계 최초의 여객용 기관차 '로커모션호'를 제작했습니다. 이 기관차는 비록 시속 16킬로미터이지만 석탄 80톤을 끄는 데 성공합니다. 조지 스티븐슨을 이어 아들 로버트 스티븐슨도 증기 기관차 개발을 계속해 나갔지요.

1829년 영국의 리버풀과 맨체스터를 잇는 철도의 개업을 앞두고 기관차 경주 대회가 열렸습니다. 이 구간을 달릴 기관차를 선정하기 위해서였지요. 이 대회에는 스티븐슨 부자도 자신들이 만든 기

트레비식이 만든 증기 기관차 '누가 나를 따라잡으랴'를 복원한 모형.

관차를 이끌고 참가했습니다.

　수많은 관중이 모여든 가운데 드디어 경기가 시작되었습니다. 총 7종의 증기 기관차가 대회에 참가하여 3종만 예선을 통과했는데요, 그중 2종은 본선 경기에서 고장으로 탈락하고 스티븐슨의 기관차만 남았습니다. 결국 3.2킬로미터의 구간을 20회 왕복하며 평균 시속 22.5킬로미터, 최고 시속 46.6킬로미터라는 당대 최고 기록을 세운 스티븐슨의 기관차가 우승을 차지합니다.

　우승한 기관차의 이름 역시 '누가 나를 따라잡으랴' 못지않게 재미있습니다. 가장 빠른 기관차라는 평가에 걸맞게도 '로켓호'였거든요.

스티븐슨이 개발한 증기 기관차 '로켓호'.

1830년 9월 15일, 로켓호가 첫발을 내딛습니다. 기관차 발판 위에는 스티븐슨과 함께 한 여성이 서 있었습니다. 연극 「로미오와 줄리엣」에서 줄리엣 역을 맡아 일약 스타덤에 오른 신예 여배우 패니 켐블이었지요. 첫 운행에 나선 로켓호에 오르는 영예를 누렸던 것입니다. 켐블은 친구에게 보낸 편지에서 그때 느낀 기쁨과 흥분을 전했습니다.

얘는 발에 해당하는 두 바퀴에 피스톤이라는 눈부신 강철 다리로 움직여. 피스톤은 증기의 힘으로 움직이는데 피스톤에 전달되는 증기가 많아질수록 바퀴가 빨리 나아가. 보일러가 터지면 안 되니까 미리 속도를 줄여야 하는데, 그럴 때는 안전밸브를 열어서 증기를 공중으로 뱉어 내.

켐블이 동물에 비유해서 증기 기관차가 어떻게 작동하는지 아주 훌륭하게 설명했네요. 물론 옆에서 스티븐슨이 친절히 가르쳐 주었겠지만요.

철의 실크로드

증기 기관차가 등장하며 영국은 철도 시대에 돌입합니다. 철도는 도시와 도시를 연결하더니 어느새 영국 전체로 가지를 뻗어 나갔지요. 그러나 아직은 남은 과제가 많았습니다.

초창기 철도는 지금처럼 튼튼하지 않았습니다. 차량의 중량을 견디지 못하고 금이 가는 경우가 많아 수시로 교체해야 했지요. 이 무렵 희소식이 들려왔습니다. 헨리 베서머가 강철의 대량 생산에 성공한 것입니다. 강철 덕에 선로의 내구성 문제가 해결되었고, 대량 생산이 되니 철도 구간도 대폭 늘릴 수 있었습니다. 게다가 롤 사이에 금속을 넣어 일정한 모양으로 만드는 압연 기술까지 개발되면서 레일을 더욱 손쉽게 많이 만들게 되었지요.

철도는 산업 전체를 바꾸어 놓았습니다. 무엇보다도 의미 있는 건 광산업과 철도 산업이 서로 긍정적인 효과를 주고받으며 함께 성장했다는 점입니다.

한번 정리해 볼까요? 철도는 갱내에서 철광석과 석탄을 운반하기 위해 탄생했습니다. 철도에 힘입어 철광석과 석탄 생산량이 늘어났고, 원자재가 풍부해진 덕에 철도 구간이 더욱 길어지면서 그 위를 달릴 증기 기관차가 개발되었습니다. 증기 기관차는 석탄을 전국 각지의 제철소와 제강소로 보냈고, 제철소와 제강소에서 생산된 철제품은 철도를 통해 곳곳에 공급되었지요. 이와 같은 '철의 메커니즘'이 확립되면서 영국의 산업 혁명은 더욱 확장되고 심화되었습니다.

철도는 처음에 도시와 도시를 이었지만 점차 나라 전체, 더 나아가 나라와 나라, 또 더 나아가 대륙 전체를 연결했습니다. 과거에 유라시아에서 실크로드가 했던 역할을 대신한 셈이죠. 철도를 '철의 실크로드'라고 부르는 것도 그 때문입니다. 철도를 따라 사람과 물자가 예전보다 훨씬 더 많이, 훨씬 더 멀리 왕래하게 되었습니다. 인간이 철을 사용해 세계를 하나로 묶기 시작한 것입니다.

철도만 이야기하고 그냥 넘어가면 서운해할 존재가 있습니다. 바로 증기선입니다. 증기선이 발명된 것도 따지고 보면 철이 대량 생산된 덕이랍니다. 반대로 증기선 때문에 철에 대한 새로운 수요도 생겨났지요. 증기선을 움직이는 증기 기관은 물론이고 선체를 만드는 데도 철이 필요했으니까요.

18세기 말에 개발된 증기선이 본격적으로 생산된 것은 19세기 초입니다. 증기선이 처음 등장했을 때 사람들은 바보짓이라고 비아냥거렸습니다. 배는 바람만 불어도 움직일 수 있는데 뭐하러 증기 기관을 달아 연료를 낭비하느냐고 생각했지요. 이와 관련한 일화가 있습니다. 훗날 증기선을 만들게 되는 로버트 풀턴이라는 미국 발명가가 주인공이지요. 풀턴은 나폴레옹이 증기선에 흥미를 보일 것이라고 기대하며 프랑스로 향했습니다. 그러나 나폴레옹은 이렇게 말했다고 하지요. "갑판 아래에 모닥불을 피워 바람과 조류를 거슬러 항해하는 배를 만든다? 난 그런 터무니없는 이야기를 듣고 있을 만큼 한가하지 않다네."

많은 사람들이 비웃긴 했지만 1787년 미국인 존 피치에 의해 최초의 증기선이 만들어졌습니다. 그러나 피치는 승객 부족으로 파산하고 맙니다. 그럴 수밖에 없었던 게 피치의 증기선은 출력이 모자랐던 데다 일반 범선보다 운임도 비쌌습니다.

증기선이 상용화한 것은 그로부터 20년 뒤인 1807년입니다. 와트의 증기 기관을 이용하는 증기선이 만들어졌거든요. 이 증기선을 개발한 사람이 로버트 풀턴입니다. 풀턴의 증기선은 뉴욕을 떠나 허드슨 강의 올버니까지 기존의 범선으로 나흘 걸리던 거리를 32시간 만에 주파했습니다. 자신감을 얻은 풀턴은 두 도시 사이에서 상업적 운항을 시작했고, 허드슨 강에서 증기선 운항을 독점할 수 있는 권리를 인정받았지요.

증기선은 한동안 강을 벗어나지 못했습니다. 여전히 범선에 비해

미국 허드슨 강에서 운항되었던 풀턴의 증기선 클러몬트호.

경제성이 떨어졌거든요. 원양 항해의 경우에는 정부에 시급한 업무가 있을 때만 증기선을 사용했고, 일반적인 화물이나 여객 운송은 범선에 의존했습니다. 19세기 초반에는 목제 증기선이 대서양 횡단에 성공했지만 운송량이나 내구성에서 불안한 점이 있었지요. 그래서 점점 철제 증기선을 원하는 목소리가 높아졌습니다.

철제 증기선은 튼튼하기에 한 번에 많은 승객과 화물을 실을 수 있습니다. 목제 증기선에 비해 가벼워서 연료 소비를 크게 줄일 수도 있고요. 항해 중에 폭풍을 만나도 훨씬 잘 버텨 냈지요. 이처럼 장점 많은 철제 증기선은 19세기 전반 철 생산량이 급증하면서 만

세계 최초의 대형 철제 증기선인 그레이트브리튼호. 1843년 진수될 당시 세계에서 가장 큰 배였다. 대서양을 건너 리버풀과 뉴욕 사이를 정기적으로 항해했다.

들어질 수 있었습니다. 이후 증기선은 철도와 함께 세계를 하나로 연결해 갑니다.

대 륙 횡 단 철 도

영국에서 기관차 경주가 벌어질 무렵, 미국에서도 그와 비슷한 대회가 열렸습니다. 그러나 이 대회는 참가 선수가 특이했습니다. 증기 기관차는 '톰 섬'이라는 이름의 기관차 한 대뿐이었고 상대 선

수는 놀랍게도 말이었지요. 증기 기관차와 말의 대결이라! 누가 이겼을까요? 결과는 톰 섬의 참패였습니다. 경주 도중 보일러가 터져 버렸거든요.

같은 해에 벌어진 두 대회를 보면 증기 기관차 발명과 개량에서 미국이 영국보다 뒤처졌음을 알 수 있습니다. 그러나 한편으로는 미국도 영국 못지않게 일찍부터 철도에 관심을 두었음을 암시하기도 하지요. 사실 철도에 대한 욕망으로 따지면 오히려 미국이 첫손에 꼽힙니다. 광활한 영토와 엄청난 자원을 보유했기 때문이죠. 특히 동부에서 서부로 정치적 통합이 이루어지면서 미국은 어느 나라보다도 철도를 원하게 되었습니다.

미국의 철도 산업은 시작은 미약하나 끝은 창대했습니다. 처음에는 정치적으로 먼저 통합된 동부 지역부터 철도가 부설되었습니다. 1830~1840년대에는 동부 연안의 주요 도시들이 철도망으로 거미줄처럼 연결되었지요. 미국의 철도 길이는 1845년에 이미 영국의 두 배에 달했습니다. 1850년에는 총 연장이 1만 4천 킬로미터 이상으로 늘어났고, 1860년대에는 세 배 이상 길어져 4만 8천 킬로미터에 이르렀지요.

철도의 길이는 늘어났지만 하나로 통일되지 않아 문제가 많았습니다. 당시의 철도들은 대부분 대도시와 인접 지역을 연결하는 근거리 철도였는데, 건설 회사가 다 달라 선로의 폭이 제각각인 탓에 비효율적이었습니다. 예를 들어 1849년에 필라델피아에서 시카고까지 화물을 운송하려면 두 달이 넘게 걸렸습니다. 철도 규격이 바뀔 때마다 여덟 번이나 짐을 옮겨 실어야 했기 때문이지요.

더 심각한 문제는 철도가 동부에서 서부까지 미국 전체를 연결하지 못하고 있었다는 점입니다. 동부에서 서부로 이주하거나 여행하는 사람은 점차 늘어나는데 통일되지 않은 철도로는 그 수요를 충족시킬 수 없었지요.

그렇다면 그 무렵에는 동부에서 서부까지 어떻게 여행했을까요? 사실 그것은 여행이라기보다 모험이었습니다. 육로를 이용하면 거리는 멀어도 어떻게든 갈 수 있을 것 같죠? 그러나 그리 간단하지 않았습니다. 대초원과 넓은 강, 사막, 산맥을 건너고 넘어야 했는데 오래 걸릴뿐더러 너무 위험했지요.

육로보다 오래 걸리지만 덜 위험한 방법은 바다를 이용하는 것이었습니다. 동부에서 출발해 남아메리카 최남단의 혼 곶을 돌아서 서부로 향했는데, 6개월이나 걸렸답니다. 시간을 단축시키기 위해 파나마 지협을 건너 샌프란시스코로 갈 수도 있었지만, 열대 지방을 통과해야 했기 때문에 황열병이나 말라리아에 걸릴 위험성이 높았지요.

미국은 '대륙을 연결하는 철도망'이라는 새로운 욕망을 품기 시작합니다. 그 욕망을 채우게 된 계기는 뜻밖에도 남북 전쟁이었습니다. 병사와 군수품을 서부 전선으로 실어 나르기 위해서는 대륙을 가로지르는 철도가 반드시 필요했거든요. 또한 서부 지역을 외따로 두었다가는 남부를 지지하는 영국에 빼앗길지도 모른다는 두려움도 이유가 되었죠. 당시 대통령이었던 링컨은 남북 전쟁이 끝

1869년 미국 유타에서 대륙 횡단 철도가 완성되었다.
이 사진은 당시 현장에서 열린 기념식을 촬영한 것이다.

나기 3년 전인 1862년에 대륙 횡단 철도를 건설하기로 결정합니다.
그리고 1869년 마침내 대서양 연안과 태평양 연안을 잇는 철도가
완성됩니다.

수정궁의 비밀

지금까지 철이 교통수단에 일으킨 변화를 알아보았습니다. 앞서 철은 건축에도 막대한 영향을 끼쳤다고 했지요? 이번에는 철과 건축의 만남에 대해 이야기할 차례입니다.

영국은 세계 최초로 만국 박람회를 개최했습니다. 그 전에 프랑스를 비롯한 유럽 국가들이 박람회를 개최한 적은 있었지만 모두 국내용이었습니다. 산업 혁명을 일으켜 새로운 공업품을 마구 쏟아 내던 영국입니다. 전 세계인 앞에서 자랑하고 싶은 것이 얼마나 많았을까요?

1851년 5월 영국 런던 하이드 파크에서 만국 박람회가 열렸습니다. 10월에 끝날 때까지 34개국 604만 명이 참관했다고 하지요. 관람객들은 콜브룩데일에서 주조한 뒤 옮겨 온 거대한 철문을 통과하여 박람회장에 전시된 10만 개의 상품을 보았습니다.

영국의 혁신적인 공업품과 각종 전시품들을 본 관람객들이 입이 떡 벌렸을 겁니다. 모두들 산업 혁명의 성공담을 부러워했을 테고요. 그러나 관람객들의 마음을 가장 사로잡은 것은 박람회장 그 자체였습니다. 투명하게 빛나는 외관과 경쾌하면서도 유려한 맵시를 뽐내는 박람회장은 사람들에게 마치 궁전처럼 보였답니다. 그래서 '크리스털 팰리스'(Crystal Palace), 우리말로 하면 '수정궁'이라고 불렸지요.

수정궁은 가로 최대 길이 564미터에 세로는 124미터인 대형 건축물입니다. 축구장 18개에 해당하는 면적이지요. 게다가 대단히 높았습니다. 가장 높이 솟은 중앙 통로 부분은 높이가 20미터였지요. 1936년에 화재로 소실되는 바람에 이제는 직접 볼 수 없지만 당시의 그림과 사진으로 그 위용을 짐작할 수 있습니다.

수정궁을 만든 조지프 팩스턴은 사실 건축가가 아니라 정원 설계사였습니다. 그는 건축가가 아니어도 공모전에 작품을 낼 수 있느냐고 주최 측에 문의한 뒤 지원했다고 합니다. 원래 팩스턴의 설계안에는 중앙 통로 부분의 반원 모양 아치가 없었지만, 하이드 파크에 서 있는 가장 큰 나무를 베지 않기 위해 설계를 수정하여 아치를 만든 것입니다.

이 건물은 수정궁이라는 이름 그대로 온통 유리벽으로 둘러싸여 있습니다. 유리가 30만 장이나 사용되었지요. 정원 설계사였던 팩스턴은 식물원의 온실을 만든 적이 있었습니다. 그런 경험 덕에 박람회장을 유리로 만들 생각을 할 수 있었던 것입니다.

그런데 수많은 유리로 만들어진 거대한 박람회장이 어떻게 오랜 시간 무너지지 않고 서 있었을까요? 그 비밀은 바로 철에 있답니다. 수정궁에는 주철 3,800톤과 연철 700톤이 사용되었습니다. 철로 받쳐 주었기 때문에 유리로 된 건축물이 지탱되었던 것이지요.

얼핏 화려하게만 보이는 수정궁이지만 한편으로는 산업 혁명의 원동력이 다름 아닌 철이었음을 웅변하고 있습니다.

1851년 만국 박람회 기간 중 수정궁의 내부 광경을 묘사한 그림(위)과
철로 지탱되고 유리로 둘러싸인 수정궁의 외관을 찍은 사진(아래).
아래쪽 사진은 만국 박람회가 끝나고 런던 근교의 시드넘으로 옮겨진 후 촬영된 것이다.

철의 마술사, 에펠

『목걸이』와 『여자의 일생』 등의 작품을 쓴 19세기 프랑스 소설가 기 드 모파상. 그는 매일 저녁 파리 에펠 탑 1층에 있는 최고급 레스토랑에서 식사를 했다고 합니다. 누군가가 그 이유를 묻자 이렇게 답했다고 하지요. "파리에서 그 빌어먹을 것이 보이지 않는 곳은 여기밖에 없어." 모파상이 말한 "그 빌어먹을 것"이란 다름 아닌 에펠 탑입니다.

오늘날 세계적으로 유명한 파리의 상징 에펠 탑을 모파상은 왜 그렇게 싫어했을까요? 모파상은 유난히 신경질을 잘 부리고 예민했던 것으로 알려져 있는데 그런 성격 탓이었을까요? 그러나 에펠 탑을 싫어한 사람은 모파상뿐이 아닙니다. 『삼총사』와 『몬테크리스토 백작』으로 잘 알려진 소설가 알렉상드르 뒤마를 비롯한 프랑스의 수많은 문화계 인사들이 에펠 탑 건설이 논의될 때부터 반대했다는군요. 에펠 탑이 조화롭고 고풍스러운 파리의 경관을 해칠 거대한 흉물이 될 거라고 생각했기 때문입니다.

에펠 탑 건설을 반대한 건 일부 시민들도 마찬가지였습니다. 그 이유는 에펠 탑이 철탑이었기 때문이죠. 아직은 돌과 벽돌로 건물을 짓던 시절입니다. 강철로 거대한 탑을 만든다는 계획이 얼마나 황당무계해 보였을까요?

1889년은 프랑스에 뜻깊은 해였습니다. 프랑스 대혁명 100주년이었고, 그것을 기념해 만국 박람회를 개최하기로 했지요. 그 때문에 높이 300미터가 넘는 대형 철탑 건설 계획이 시작된 것입니다. 문화계와 일부 시민의 반대에도 불구하고, 에펠 탑 건설은 착착 진행되었습니다.

에펠 탑의 '에펠'은 사람 이름입니다. 탑을 설계한 구스타브 에펠에서 유래했지요. 1884년, 프랑스 정부는 5년 뒤에 있을 만국 박람회 개최를 발표하고 건축 공모전을 열었습니다. 만국 박람회에 걸맞게 당대의 기술 진보와 산업 발전을 인상적으로 상징할 수 있어야 한다는 조건이 달렸죠. 약 700개의 설계도가 응모되었는데, 그중 에펠의 설계도가 압도적인 차이로 당선되었습니다.

우려하는 목소리도 없지 않았습니다. 한 수학자는 에펠의 설계도대로 공사를 진행하다가는 탑이 200미터에 이를 때쯤 붕괴할 것이라고 지적했지요. 그러니까 철탑의 무게를 어떻게 지지하느냐가 관건이었습니다. 그러나 에펠은 자신 있었습니다.

에펠은 이전에도 거대한 구조물을 만드는 데 참여한 적이 있었습니다. 뉴욕 리버티 섬에 서 있는 '자유의 여신상' 말입니다. 자유의 여신상이 만들어진 곳은 미국이 아니라 프랑스입니다. 프랑스가 독립 100주년을 맞이한 미국에 선물해 주기로 약속한 것이지요. 프랑스에서 1884년에 완성된 자유의 여신상은 수많은 조각으로 분리되어 뉴욕으로 건너갔고 1886년 조립되어 세워졌습니다. 몸무게 225톤에 키 46미터인 여신이 47.5미터 높이의 받침대 위에 130년 가까이 서 있을 수 있었던 건 그 내부에서 철골이 튼튼하게 떠받치고 있기 때문입니다. 그 설계를 맡은 사람이 에펠이었지요.

프랑스에서 조립 중인 자유의 여신상. 내부의 철골 구조를 확인할 수 있다.

에펠은 자유의 여신상을 세운 경험을 바탕으로 수학자의 우려를 불식합니다. 콘크리트에 기초한 철각 위에 탑을 얹는 구조를 생각해 냈거든요. 그리고 5천 개의 강철 조각과 105만 846개의 못을 포함하여 철을 총 7,300톤 사용해서 탑을 세웠습니다.

1889년 5월, 파리 만국 박람회의 개회와 함께 324미터 높이의 에펠 탑이 그 위용을 드러냅니다. 기단은 거대한 아치형 기둥 4개로 이루어졌고, 위로 올라갈수록 폭이 점점 좁아지는 형태였습니다. 그리고 전망대를 3곳 설치해 각 구간을 구분했지요. 에펠 탑이 완성되자 그동안의 우려는 찬사로 바뀌었습니다. 에디슨은 에펠 탑을 '위대한 아이디어의 현장'이라고 극찬했다지요. 에펠은 프랑스인들로부터 '철의 마술사'라는 별명을 얻었습니다.

애초에 에펠 탑은 20년 동안 세워 두었다가 철거할 예정이었습니다. 건축 당시의 반대 여론을 감안한 결정이었겠지요. 그런데 에펠 탑을 무선 전신용 안테나로 쓸 수 있을 것이라는 주장이 제기되었

에펠 탑 건설 과정을 촬영한 사진들.

1 1887년 11월 10일. 2 1888년 5월 10일. 3 1888년 11월 14일. 4 1889년 4월 2일.

고, 사실인 것으로 확인되었습니다. 더욱이 세월이 흐르며 현대적이고 역동적인 파리와 에펠 탑이 잘 어울린다는 여론도 형성되었지요. 철거될 운명이었던 에펠 탑은 살아남을 명분을 얻었습니다. 에펠 탑은 뉴욕에 크라이슬러 빌딩이 세워진 1930년 전까지 세계에서 가장 높은 건물이라는 지위를 차지했고 지금도 파리의 명소로서 굳건히 제자리를 지키고 있습니다.

현대판 바벨탑

영화 「킹콩」(1933) 하면 가장 먼저 떠오르는 장면이 있습니다. 킹콩이 고층 빌딩 꼭대기의 안테나에 매달려 헬리콥터와 싸우는 장면입니다. 킹콩과 헬리콥터의 싸움이 치열했기 때문만은 아닙니다. 이 영화의 배경인 1930년대 뉴욕에 이미 그와 같은 초고층 빌딩이 있었다는 게 보면 볼수록 놀랍거든요. 영화에 등장한 엠파이어 스테이트 빌딩은 무려 102층에 높이가 약 381미터로 1931년에 완공되었습니다. 110층짜리 세계 무역 센터가 세워지기 전까지 세계에서 가장 높은 건물이었죠.

고층 건물을 짓는 데 가장 핵심이 되는 것은 철근 콘크리트입니다. 철근 콘크리트 개발자로 가장 널리 알려진 사람은 프랑스의 원예가 모니에이지요. 원예가가 철근 콘크리트를 개발했다니, 좀 놀랍죠? 모니에는 평소에 화분이 자주 깨지는 게 불만이었다고 합니

뉴욕 한복판에 우뚝 솟아 있는 엠파이어 스테이트 빌딩.

다. 도자기와 같은 재질이었으니 그럴 수밖에요. 이 문제를 해결하기 위해 모니에는 화분을 만들 때 그 속에 철망을 넣는 방식을 고안해 냈습니다. 이후 모니에의 방법은 다양한 분야에서 활용되었고 건축에도 응용되면서 발전을 거듭합니다.

철이 건축과 결합하자 고층 빌딩이 대거 들어선 현대적 도시가 등장했습니다. 고층 빌딩이 처음 세워진 도시는 미국의 시카고입니다. 1871년 시카고에 큰 화재가 발생해 시가지 중 3분의 2가 폐허가 되고 건물이 1만 8천 채나 부서졌습니다. 이 사건을 계기로 시카고는 철근 콘크리트를 이용하여 고층 빌딩을 세우게 됩니다. 1884년부터 이듬해까지 시카고 시내 중심지에 지하 1층, 지상 9층짜리인 당시로서는 초고층 건물이 지어졌습니다. 무엇보다도 강철로 된 골조가 건물 전체를 지탱할 수 있다는 사실을 입증했기에 의미가 컸지요.

시카고의 건축 기술은 뉴욕으로 전파되었습니다. 이후 뉴욕은 엠파이어 스테이트 빌딩을 비롯한 고층 빌딩이 숲을 이루는 마천루의 도시가 되었죠. 마천루 건설은 철강 기술이 발전하여 더욱 가볍고 강한 철근이 개발된 덕분에 가능했습니다.

하늘을 향해 더 높이 오르고자 하는 인간의 욕심은 끝이 없는 것 같습니다. 지금도 세계 각국은 '가장 높은 빌딩'을 짓기 위한 경쟁에 뛰어들고 있지요. 현재 세계에서 가장 높은 건물은 아랍 에미리트 연방의 두바이에 있습니다. 163층에 높이가 829.8미터인 '부르즈 칼리파'(Burj Khalifa)이지요. 그러나 이 기록도 곧 갱신될 예정입니다. 사우디아라비아의 제다에서 건설 중인 '킹덤 타워'(Kingdom Tower)는 168층에 높이가 무려 1킬로미터가 넘는 1,007미터라고 하지요.

더 멀고 높은 곳에 도달하고 싶다는 욕망은 어쩌면 인간의 본성인지도 모릅니다. 인간은 철을 이용해 끊임없이 미지의 영역에 도전했고 지금까지 철은 기대를 배신하지 않았습니다.

그런데 이 모든 것이 환영할 만한 일일까요? 분명 눈부시게 발전한 현대 문명에 철은 큰 공을 세웠습니다. 하지만 빛이 있으면 그림

현재 세계에서 가장 높은 건물인 부르즈 칼리파.

자도 있는 법입니다. 제철 기술의 발전은 앞서 봤던 삼림 고갈 같은
부작용을 낳기도 했지요. 다음에는 철의 발달이 불러온 또 다른 결
과물들에 집중해 보겠습니다.

7

욕망의 대가

철의 역습

큰 문제는 연설이나 다수결이 아닌 '철'과 '피'를 통해 결정된다.
_ 오토 비스마르크(독일 정치가)

우리를 파멸시키는 것, 즉 우리를 지옥으로 인도하는 것은 대지의
깊은 곳에 감추어진, 그리고 하루아침에 형성될 수 없는 물질들이다.
_ 플리니우스(로마 정치가·학자)

프랑스 작가 쥘 베른의 소설 『80일간의 세계 일주』는 교통 혁명이 세계를 얼마나 가깝게 해 주었는지 잘 보여 줍니다. 이 소설은 19세기 후반 들어 철도와 증기선이 활발히 운영되었기에 쓰일 수 있었습니다. 만약 철이 없었다면, 그래서 철도와 증기선이 없었다면 『80일간의 세계 일주』의 주인공 필리어스 포그는 제시간에 도착하지 못했을 것입니다. 아니, 세계 일주를 생각조차 하지 않았겠죠.

19세기 후반에 하늘에서 지구를 내려다보았다면 어떤 광경이었을까요? 육지에서는 도시와 도시, 나라와 나라, 대륙과 대륙을 가로지르는 철길을 따라 열차가 달립니다. 바다 위에서는 대형 선박들이 증기를 뿜으며 파도를 가르고요. 두 교통수단을 타고 사람과 물자가 왕래합니다. 대도시에서는 철을 뼈대 삼은 멋진 건축물들이 하늘을 향해 쑥쑥 솟구쳐 오릅니다. 상상만 해도 가슴이 두근대는,

참으로 낭만적인 풍경이지요.

그러나 땅에 발을 딛고 보면 그렇지도 않았습니다. 19세기 후반의 세계는 결코 낭만으로 가득하지 않았지요. 제철소와 공장에서 내뿜는 연기가 대기를 오염했습니다. 강대국들이 경쟁하며 식민지를 늘리는 과정에서 무자비한 전쟁과 살육이 벌어졌고요. '인생은 멀리서 보면 희극이고 가까이서 보면 비극'이라는 찰리 채플린의 말이 딱 어울리는 시대였지요.

눈부신 발전의 이면에 존재했던 이런 비극들의 원인은 무엇일까요? 그 출발점에도 역시 철이 존재합니다. 아니, 비극은 인간이 철을 욕망하면서 시작되었다고 해도 지나치지 않지요.

철을 지배한 자가 세계를 지배한다

철기 시대가 시작된 이래 인간이 철을 가장 많이 활용한 곳은 전쟁터입니다. 만약 인간의 역사에서 전쟁이 없었다면 철은 세계사라는 무대의 주인공이 될 수 없었을지도 모릅니다.

철제 무기는 끊임없이 발전했습니다. 철제 검과 화살촉, 전차의 바퀴 테와 차축, 인도에서 유럽까지 전파된 다마스쿠스 검, 중세 기사들의 갑옷, 철제 대포와 총 등에 이르기까지 말입니다. 19세기 이후 유럽에서 강철이 대량 생산되면서 철제 무기는 또다시 이전과 비교할 수 없을 정도로 엄청나게 진화합니다.

19세기 유럽은 철의 제국 히타이트의 후예였습니다. 철제 무기를 앞세워 서아시아를 호령했던 히타이트처럼 유럽도 아시아를 침략했지요. 첫 충돌은 1840년에 일어난 아편 전쟁입니다.

당시 영국은 청나라와 무역하는 과정에서 쌓인 막대한 적자를 해소하기 위해 식민지 인도에서 아편을 재배하여 몰래 청나라에 수출했습니다. 중국 사회 전체가 아편 중독에 시달리자 청나라 조정은 아편을 단속했지요. 영국은 이에 반발하며 청나라에 군대를 파견합니다.

영국은 전함 네메시스호를 중국으로 보냈습니다. 네메시스호에는 두 가지 장점이 있었습니다. 첫째는 작지만 매우 날렵하다는 것입니다. 네메시스호는 길이 56미터, 폭 8.8미터에 흘수(배가 물 위에 떠있을 때 물에 잠겨 있는 부분의 깊이)는 고작 1.5미터였습니다. 여기에서 중요한 것은 흘수가 낮다는 점입니다. 흘수가 낮아야 얕은 강도 자유로이 왕래할 수 있거든요. 영토가 광활한 중국 내륙으로 깊숙이 침투하기 위해서는 주장 강이나 창장 강을 거슬러 올라가야 하는데, 네메시스호는 그 목적에 안성맞춤이었습니다.

두 번째 장점은 네메시스호가 목재를 전혀 사용하지 않고 전부 강철로 제작됐다는 것입니다. 증기 기관으로 항해 속도가 빨라졌다고 해도 영국에서 청나라까지 많은 병사와 함대를 파견하기는 어려웠습니다. 영국군은 소수 정예로 청나라군과 싸워야 했는데, 수적 열세를 극복하기 위해서는 튼튼한 함선이 필요했지요. 강철의 혁신과 대량 생산이 이루어지지 않았다면 네메시스호는 탄생할 수 없었

아편 전쟁에서 영국이 청나라로 파견한 철제 군함 네메시스호.

고 영국이 청나라를 침략하기도 어려웠을 것입니다.

네메시스호는 탁월한 성능을 발휘하여 주장 강의 거친 급류와 거센 바람을 헤치고 중국의 함선 몇 척을 격침했습니다. 결국 영국은 1842년 창장 강과 대운하가 교차하는 지점을 봉쇄함으로써 아편 전쟁에서 승리합니다. 아편 전쟁은 향후 세계사가 어떻게 전개될지 암시해 줍니다. 철을 가진 자가 그러지 못한 자를 지배할 것이다,라고 말입니다.

누구를 위해 무기는 강해지는가

철제 무기의 발전은 거침없었습니다. 무기의 수준이 한층 높아진 계기는 19세기에 벌어진 크림 전쟁입니다. 강철을 대량 생산한 베서머뿐 아니라 영국과 프랑스의 무기 개발자들이 그때껏 축적한 기술을 활용하여 신무기 개발에 나섰지요. 그러나 19세기 후반 무기 개발 경쟁에서 주도권을 쥔 나라는 독일이었습니다. 독일이 영국을 제치고 정상을 밟을 준비를 하고 있었죠.

19세기 말 빌헬름 1세가 독일을 다스리던 무렵의 수상은 비스마르크였는데요, 그는 한 연설에서 다음과 같이 말했습니다.

> 현재의 가장 큰 문제는 언론이나 다수결이 아니라 오로지 철과 피, 곧 병기와 병력에 의해서만 해결할 수 있다.

이 말은 그 유명한 '철혈 정책'을 상징합니다. '철혈 재상'이라는 별명을 얻은 비스마르크는 강력한 군대를 육성하여 독일을 통일하고 강대국 반열에 올려놓습니다. 그리하여 1870~1871년 독일은 프랑스와의 전쟁에서 승리하지요.

이 전쟁에서는 또 한 사람의 스타가 등장했습니다. 바로 알프레트 크루프라는 독일 제강업자로, 그는 영국에서 개발된 제철 제강 기술을 발전시켜 마침내 새로운 강철 대포를 생산하는 데 성공합니다. 독일은 이 대포를 앞세워서 프랑스에 승리할 수 있었지요. 20세기에 접어들어 독일은 강철 생산 분야에서 영국을 뛰어넘고 세계 1위의 제철 국가로 부상합니다. 그 과정에서도 크루프사(社)가 크게 공헌했습니다.

독일이 신무기 개발에 여념이 없는데 다른 서양 열강들이 그저 부러워하고 있었을 리 없겠지요. 신무기 개발 경쟁은 날이 갈수록 치열해졌습니다. 대포, 기관총 등 각종 화기를 비롯해 탱크, 군함, 잠수함, 전투기 등 강철로 만들어진 전투 수단들이 개량을 거듭했지요. 전 세계적인 신무기 개발 열풍은 전쟁의 욕망을 자극했고, 그 결과 세계 대전이 일어났습니다. 그것도 두 번씩이나요.

1914~1918년의 제1차 세계 대전은 기존 전쟁들과 '급'이 달랐습니다. 우선 전쟁하기가 참 편리해졌지요. 많은 군사를 멀리 떨어진 전장까지 수시로 빠르게 보낼 수 있었거든요. 철도와 증기선에다 비행기까지 등장했으니까요. 편해진 반면에 전투에서는 이전보다 훨씬 많은 희생자가 나왔습니다. 아군과 적군, 민간인을 가리지 않고 약 9백만 명이 목숨을 잃었답니다. 철제 무기의 가공할 만한 위력이 확인되었지요.

20년 뒤, 세계는 다시 한 번 전보다도 큰 전쟁에 휘말려 듭니다. 1939~1945년에 벌어진 제2차 세계 대전에서는 약 5천 5백만 명이 희생되었습니다. 제1차 세계 대전에 비해 무려 6배나 많은 사망자가 발생한 거죠. 두 전쟁 사이의 20년 동안 철제 무기가 더욱 개량되었기 때문입니다. 한 번의 전쟁으로는 교훈이 충분하지 않았던 모양입니다. 제2차 세계 대전은 인간이 스스로에게 남긴 최악의 상처였습니다.

갈수록 진화하는 철제 무기는
세계 대전에서 막대한 인명 피해를 초래했다.

1 독일 전차 티거 Ⅱ.
2 미국 전투기 콜세어.
3 일본 전함 야마토.
4 독일 V-2 로켓.

철의 장막

인간은 철을 이용해 전쟁을 하고, 철을 이용해 평화를 유지하고, 철을 이용해 나와 다른 것을 분리하고 배척합니다. 그리고 철조망은 분리와 배척을 상징합니다.

우리나라는 분단국가입니다. 그걸 한눈에 분명하게 보여 주는 광경이 있지요. 군인들이 휴전선을 따라 이동하며 경계 근무를 서는 모습입니다. 평소에는 잊고 지내다가도 우리나라가 분단국가라는 현실을 새삼 깨닫게 되죠.

휴전선은 철책으로 되어 있습니다. 가시철사를 엮어 만든 철조망이 일정한 간격으로 늘어선 목책들을 연결하며 장벽이 되어 남과 북을 나누고 있죠. 수십 년간 남북을 갈라놓은 철조망은 과연 어떻게 탄생했을까요?

철조망의 역사는 가시철사에서 시작됩니다. 가시철사는 19세기 후반 미국에서 만들어졌습니다. 대륙 횡단 철도가 개통되고 수많은 사람이 이주하면서, 미국 서부의 드넓은 땅에는 목장이 급속도로 늘어납니다. 농부들은 이웃 목장의 가축 떼로부터 작물을 지켜야 했죠. 그런데 나무 울타리는 비싸고 설치하는 데 시간도 오래 걸릴뿐더러 소가 들이받으면 쉽게 부서졌습니다. 그래서 발명된 것이 가시철사입니다. 날카로운 가시에 겁먹은 소들은 더 이상 철조망으로 돌진하거나 울타리 기둥을 쓰러뜨리지 않았지요. 이후 철조망은 농업과 목축업 종사자들 사이에 빠르게 퍼져 나갔습니다.

우리나라의 휴전선이 그러하듯 철조망은 서로를 구분하는 가장 효과적인 수단으로 쓰이고 있다.

　이렇게 훌륭한 발명품을 그냥 내버려 둘 리 없겠죠? 이내 철조망은 전쟁에서도 쓰이게 됩니다. 1898년에 미국과 스페인이 벌인 전쟁, 1899년에 영국이 아프리카에서 벌인 보어 전쟁에 이어 제1차 세계 대전에서도 요새 방어를 위해 철조망을 사용했습니다. 그리고 제2차 세계 대전 이후에는 포로수용소를 만드는 데 아주 효율적인 재료가 되었지요.

　두 차례의 세계 대전이 끝난 뒤 세계는 냉전 시대를 맞이합니다. 미국이 대표하는 자본주의 진영과 소련이 대표하는 사회주의 진영이 정치, 외교, 이념적으로 대립하고 군비 경쟁을 벌였지요.

　세계 각국은 대립과 경쟁에 앞서 아군과 적군부터 명확히 구분해야 했습니다. 그러기에 철조망만큼 좋은 수단도 없었지요. 제2차 세계 대전에서 패배한 독일은 자본주의 진영과 사회주의 진영으로 분단되었고 1,400킬로미터에 이르는 철조망이 서독과 동독 사이에 설치되었습니다. 한국전쟁 이후 한반도를 가로질러 휴전선이 놓인 우리나라와 마찬가지로요.

이후 철은 냉전을 상징하게 됩니다. 그 예로 '철의 장막'이라는 말이 있습니다. 1943년 5월 미국 트루먼 대통령이 먼저 쓴 표현이지만 영국 수상 윈스턴 처칠이 1946년 3월 5일 미주리 주 풀턴에서 행한 연설로 더욱 유명해졌지요. "오늘날 발트 해의 슈체친에서 아드리아 해의 트리에스테까지 대륙을 횡단하는 철의 장막이 내려져 있다." 처칠은 '철의 장막'이라는 은유적 표현으로써 당시 동유럽을 억압하던 소련에 불신을 드러낸 것입니다.

지나친 욕심이 일으킨 대재앙

냉전 당시 강대국들은 경쟁에서 승리하기 위해 경제력과 군사력을 기르는 데 매진했습니다. 모든 산업의 근간인 철을 많이 생산하기 위한 노력도 쉬지 않았지요. 특히 소련과 함께 사회주의 진영의 맹주 노릇을 하던 중국은 서구 열강에 비해 뒤처진 철 생산량을 단기간에 늘리고자 안간힘을 썼습니다.

중국의 지도자 마오쩌둥은 '대약진 운동'을 지시합니다. '대약진'이란 '빠르게 발전하는 것'을 의미하지요. 중국의 목표는 중공업을 급속히 성장시키는 것이었는데, 그중에서도 철 생산량을 대폭 늘리는 일이 가장 중요한 과제였습니다.

대약진 운동 첫해인 1958년 1월에 목표한 철 생산량은 625만 톤이었습니다. 숫자만 봐서는 어느 정도인지 도통 모르겠죠? 이 수치는 전년 대비 17퍼센트가 늘어난 것으로 달성하기 만만치 않았습니다. 그런데 3월에 711만 톤으로 목표치가 올라가더니, 5월에 800~850만 톤, 8월에는 1,070만 톤까지 치솟아 버렸습니다. 게다가 이듬해 목표는 2,700~3,000만 톤이라고 미리 못 박았지요.

기존의 설비와 인력만으로는 이렇게 무모한 계획이 성공할 수 없었습니다. 그래서 전국에 소규모 간이 용광로를 60만 개나 설치하고 철을 생산해 본 적 없는 민중들까지 대거 동원했죠. 그러나 간이 용광로는 대부분 기와나 도기를 굽던 가마를 간단히 개조한 것이었고, 그나마도 전문가가 만들지 않아서 성능이 형편없었습니다. 따라서 각 마을마다 할당된 철 생산량을 달성하기란 애초에 불가능했지요. 더 이상 다른 방법이 없었습니다. 사람들은 목표량을 채우기 위해 저마다 집에서 쓰던 냄비와 솥, 심지어 숟가락과 젓가락마저도 내놓아야 했습니다.

결과는 보나 마나였겠죠? 간이 용광로에서 만든 철은 양도 적을뿐더러 쓸모없는 것이 대부분이었습니다. 1958년에 생산했다고 보고된 1,369만 톤 가운데 416만 톤이 간이 용광로에서 만들어진 것인데, 유황 등 불순물이 많아서 공업용 재료로 쓸 만한 강도에 미치지

대약진 운동 때 만들어진 간이 용광로.

못했다고 하지요. 더 큰 문제는 간이 용광로를 만드는 데 원료를 낭비하는 바람에 정작 대형 제철소는 원료가 부족해서 조업을 계속할 수 없었다는 것입니다.

대약진 운동이 실패로만 끝났다면 그나마 다행이었겠죠. 그 여파로 최악의 상황이 발생했습니다. 온 나라가 철 생산에 몰두하느라 농사를 소홀히 할 수밖에 없었고, 그 탓에 1958년부터 이듬해까지 농작물 수확량이 급격히 감소했습니다. 그 대가는 고스란히 민중들의 몫이었죠. 전국에 발생한 대기근으로 무려 2천만 명이 굶어 죽었습니다. 대약진 운동은 철을 향한 인간의 욕망이 그릇된 방향으로 흘러갔을 때 어떠한 재앙을 초래할 수 있는지 극명하게 보여 주는 사례입니다.

그래도 우린 철과 함께 살아간다

강철이 대량 생산된 이래 세계는 정말 정신없이 달려왔습니다.

철도가 놓이고 증기선이 항해하고 고층 빌딩이 들어섰으며, 식민지가 건설되고 두 차례 세계 대전이 벌어지고 냉전 시대가 열렸지요. 그와 동시에 철은 인간의 일상 곳곳에도 깊숙이 스며들었습니다. 철은 이제 우리의 일상생활에서 필수 불가결합니다.

우리는 아침 일찍 철근 콘크리트로 지은 아파트에서 눈을 뜹니다. 최근에 30층이 넘는 아파트는 아예 뼈대가 철인 철골 구조로 만든다고 하지요. 철근 콘크리트에 비해 가벼운 철골 구조는 무거운 하중도 잘 견디는 덕에 건물을 더 빨리 완공할 수 있는 데다 내구성도 뛰어납니다. 철근 콘크리트 아파트는 수명이 겨우 23년 정도여서 재건축을 할 때마다 환경 오염과 자원 낭비가 심각하니, 앞으로도 철골 구조로 짓는 것이 더 좋겠지요.

등교할 때 또는 여행을 갈 때 우리는 자동차를 이용하곤 합니다. 자동차에도 수많은 철이 들어 있습니다. 현재 세계에서 생산하는 철 중 7분의 2가 자동차를 만드는 데 쓰인다고 하네요. 자동차 한 대에서 철이 차지하는 비중은 약 60퍼센트로 다른 재료를 압도합니다. 자동차에서 가장 중요한 엔진이 철로 되어 있는 것은 물론이고, 외판과 내판, 문짝 모두에 철이 들어 있어서 사람들을 안전하게 보호해 주지요. 타이어도 주재료는 고무이지만 철이 포함되어 있습니다. 철은 타이어의 내구성을 높여서 펑크를 방지해 줍니다.

여행에 설레는 마음을 안고 인천 국제공항으로 향하다 보면 영종대교를 건너게 됩니다. 이 다리는 지난 1994년에 붕괴된 성수 대교처럼 다리 아래에서 기둥이 받치는 방식이 아니라 다리 위의 철 케

대표적인 현수교인 샌프란시스코의 금문교.

이블이 지탱하는 '현수교'입니다. 강도가 높은 가느다란 철사를 엮어서 와이어로프라는 밧줄을 만들고, 이 밧줄을 두 기둥 사이에 늘어뜨려 다리를 매다는 구조이지요. 이와 같은 현수교 중 가장 유명한 것은 미국 샌프란시스코의 상징인 금문교입니다.

이뿐 아니라 철은 인간의 몸에 직접 쓰이기도 합니다. 팔이나 다리가 부러져 병원에 가면 철을 이용해 치료하는 경우가 있지요. 골고정용 와이어로 골절된 부위를 묶고 뼈를 고정시켜서 더 악화되는 것을 막고 뼈가 붙을 수 있도록 한답니다. 혈관 내에 문제가 생겨도 철을 사용합니다. 의료용 가이드와이어는 혈관에 들어갈 정도로 가늘면서도 단단하고 유연한 덕에 혈관을 상하게 하지 않고 치료할 수 있다고 하지요.

저녁이 되면 온 가족이 모여 식사를 합니다. 주방에도 도처에 철이 있습니다. 그릇, 수저, 식칼, 냄비, 압력솥, 주전자, 믹서, 오븐 등 주방용품 대부분에 철이 쓰이지요. 식칼, 숟가락, 포크가 본격적으로 사용된 것은 르네상스 시기입니다. 처음에는 금이나 은으로 만들었지만 비싸고 물렀다고 하지요. 그래서 차차 철제품으로 대체되었습니다.

현재는 주방용품에 스테인리스강이라는 개량된 금속이 주로 이용됩니다. 흔히 스테인리스라고 줄여 부르는데, 스테인리스강 (stainless steel)은 'stain(녹)+less(없다)+steel(철)'의 합성어입니다. 물론 전혀 녹슬지 않는 것은 아니고 평범한 철에 비해서 덜 스는 것이지요. 스테인리스강은 강철에 니켈, 크롬 등을 섞은 합금입니다. 각 금속의 비율에 따라 성질도 달라져서 종류가 다양하지요. 스테인리스강은 물로 세척해도 광택이 줄지 않고 위생적이기까지 합니다. 그래서 무엇보다도 청결이 중요한 주방용품에 안성맞춤인 재료입니다.

식사하면서 이따금씩 음료를 마시기도 하죠. 아버지와 어머니가 맥주 캔을 따면, 술을 못 마시는 나와 동생은 사이다 캔을 땁니다. 지금 언급한 캔은 주로 알루미늄으로 만듭니다. 알루미늄은 탄산음료나 맥주처럼 거품이 많은 음료의 포장 용기로 사용되는데, 강철에 비해 탄성이 높아 용기 안에서 거품이 일어나도 잘 견디기 때문입니다. 그러나 그 밖의 음료나 통조림 캔은 철로 만들어지고 있습니다. 철 캔이 알루미늄 캔보다 값싸고 친환경적이거든요. 2007년 기준으로 전 세계에서 철 캔이 재활용되는 비율은 68퍼센트라고 합니다. 철이 계속 발전하면 언젠가는 탄산음료도 철 캔에 담길지 모르겠습니다.

인간은 철기 시대가 시작되기 전에도 생존해 왔습니다. 하지만 철을 만나면서 인간의 삶은 크게 바뀌어 갔습니다. 인간은 욕망을 채우기 위해 철을 이용했고, 철은 그때마다 새로운 모습으로 혁신되었지요. 인간과 철은 한시도 손을 놓지 않고 수천 년을 함께 달려 온 셈입니다.

현재 인간은 철 없이는 하루도 살 수 없다고 해도 과언이 아닙니다. 공기가 없으면 살 수 없듯이 말입니다. 한데 앞서 살펴봤듯 철을 이용하면서 발생한 문제도 만만치 않습니다. 삶에 꼭 필요하지만 무서운 부작용도 품고 있는 철. 그렇다면 인간과 철은 앞으로 어떻게 공존해야 할까요?

///

철의 미래

철은 오늘날 인간이 가장 많이 사용하는 금속입니다. 전체 금속 재료 중 철이 차지하는 비중이 무려 90퍼센트나 되지요. 알루미늄 보다 매장량이 적은데도 철이 가장 많이 쓰이는 이유는 무엇일까 요? 알루미늄은 지각 중에 널리 분산되어 있는 반면, 철은 철분을 함유한 광맥 형태로 한곳에 모여 있어서 효과적으로 캐낼 수 있기 때문입니다. 또한 산화알루미늄은 환원할 때 전기 분해라는 비싼 공정을 거쳐야 하지만 산화철은 그나마 저렴한 석탄으로 제련할 수 있지요. 그래서 철이 알루미늄보다 8배나 경제적이라고 합니다. 그 런데 철은 앞으로도 영원히 우리 곁에 존재할 수 있을까요?

철은 다른 지하자원과 마찬가지로 유한합니다. 현재 지각에 매장 된 철광석의 양은 1천 5백억 톤 정도로, 모두 채굴하는 데 150년 정 도 걸릴 거라고 하지요. 그렇다면 150년 뒤에는 철기 시대가 막을 내릴까요?

그럴 가능성은 크지 않습니다. 철은 여러 번 재활용할 수 있거든요. 이미 사용한 철을 재생하기만 해도 꽤 오랫동안 버틸 수 있죠. 물론 미래에 철을 압도하는 새로운 금속이 등장할지도 모릅니다. 그러니 철이 앞으로 얼마나 금속계의 왕좌를 지킬지, 언제쯤 더 뛰어난 금속에 1위 자리를 내줄지 예측해 보는 것도 재미있겠습니다. 그러나 그리 급한 문제는 아닌 듯싶습니다. 우리에게 150년 뒤는 먼 미래니까요. 그보다는 인간이 당장 마주하고 있는 문제를 어떻게 해결하려 하는지 알아볼까요?

현재 가장 주목받는 문제 가운데 하나가 지구 온난화입니다. 화석 연료를 많이 사용하여 이산화탄소 배출량이 늘어난 것이 지구 온난화의 주요 원인이죠. 화석 연료는 다양한 분야에서 쓰이지만, 특히 금속을 제련하는 과정에서 소모되는 석탄이 큰 비중을 차지합니다. 사실 철 생산이 지구 온난화에 끼친 영향을 정확한 수치로 나타내기는 어렵습니다. 다만 철이 역사상 가장 많이 제련된 금속이라는 점, 산업 혁명을 이끌었다는 점, 현재도 인류가 사용하는 금속 중 대부분이 철이라는 점을 감안하면, 철과 지구 온난화의 관계는 결코 가볍게 여길 수 없을 것입니다.

다행히도 인간은 자신들이 철을 욕망하여 일어난 문제를 스스로 풀어야 한다고 깨닫기 시작했습니다. 해법을 크게 나누면 두 가지 방향인데요, 하나는 이미 생긴 상처를 돌보는 것입니다. 즉 진행되고 있는 지구 온난화의 흐름을 늦춰 보자는 것이죠. 또 하나는 상처가 나지 않게 예방하는 것입니다. 즉 지구 온난화에 영향을 줄 만한 요소를 미리 차단하는 것이죠.

본격적인 설명에 앞서 잠시 다른 이야기를 해 볼까요? 2013년 개봉한 영화 「설국열차」의 출발점은 지구 온난화입니다. 영화 도입부의 자막을 보면, 인류가 지구 온난화를 해결하기 위해 특수 화학 성분인 'CW-7'이라는 물질을 살포하지만 대기권에서 이상 반응을 일으켜 급작스럽게 빙하기가 왔다고 하죠. 비록 영화 속에서 벌어진 일이긴 하지만 비슷한 발상이 현실에도 존재합니다.

1988년 모스랜딩 해양 연구소의 존 마틴 소장은 지구 온난화를 해소할 수 있다며 기발한 대책을 내놓았습니다. "유조선 반 척분의 철가루만 있으면 온난화로 고통받는 지구를 빙하 시대로 되돌릴 수 있다."라는 것입니다. 도대체 철가루가 어떻게 지구 온난화를 해결할 수 있다는 걸까요? 마틴의 주장은 바다에 많은 철가루를 살포해서 식물성 플랑크톤을 대량 증식시키자는 것입니다. 마틴은 식물성 플랑크톤이 철가루를 먹고 늘어나면 공기 중에 있는 이산화탄소가 플랑크톤에 흡수되어 지구 온난화가 완화되리라 예측했습니다. 꽤 일리 있어 보이지요?

마틴의 발표로부터 14년 뒤인 2002년, 일본의 한 연구팀이 마틴의 이론을 입증하는 데 성공합니다. 가로세로 25미터 크기의 수영장에 철가루를 뿌려 실험해 보았는데, 이산화탄소가 무려 40퍼센트나 줄었다고 하지요. 이 방법이 성공한다면 거침없이 진행되는 지구 온난화에 제동을 걸 수 있을지도 모르겠습니다.

그러나 반대하는 의견도 만만치 않습니다. 생태계가 인간이 예상치 못한 방향으로 변화할 수도 있기 때문입니다. 예를 들어 식물성 플랑크톤이 늘어나면 작은 동물들이 플랑크톤을 죄 잡아먹고 다시 이산화탄소를 방출할지도 모릅니다. 「설국열차」 같은 일이 일어나지 말라는 법도 없지요. 아무튼 철가루를 이용한 연구가 성공해서 실현될지는 좀 더 두고 봐야겠습니다.

지구 온난화에 영향을 미치는 요인을 미리 차단하는 방안도 연구 중입니다. 철을 에너지원으로 쓰자는 것이 가장 대표적이지요. 얼핏 말도 안 되는 생각 같습니다. 철은 녹는점이 1,535도, 끓는점이 2,862도입니다. 철을 끓이는 데만 엄청난 화석 연료가 소모될 텐데 그래서야 대체 에너지원으로 활용하는 의미가 없지요. 그러나 나노 기술이 결합된다면 가능할 수도 있다고 합니다. 철가루를 머리카락 굵기의 1,000분의 1 수준인 50나노미터로 작게 만들면 상대적으로 낮은 250도에서도 쉽게 연소시킬 수 있다고 하네요. 나노 단위의 철 입자는 연소해도 재가 거의 남지 않고 한 번 쓴 뒤에도 언제든 재활용할 수 있다고 합니다. 지구 온난화 해결에 이만큼 좋은 연료도 없겠죠. 그러나 아직은 연구 중이고 상용화 단계에 이르려면 갈 길이 멉니다.

앞선 두 방법만큼 획기적이진 않지만 실현 가능성이 높은 방안도 있습니다. 화석 연료의 사용을 줄이는 것인데요, 이미 제철소에는 신기술이 도입되었답니다.

우선 파이넥스 공법이라는 것이 있습니다. 기존의 용광로 공법은 원료를 용광로에 넣기 전에 미리 손을 봐야 했습니다. 철광석은 덩어리로 뭉치게 하고 석탄은 코크스로 만들었죠. 하지만 이 과정에서도 연료가 많이 소비되고 공해 물질이 배출됩니다. 이러한 단점을 보완하여 원료 사전 처리 공정을 없앤 것이 파이넥스 공법입니다. 공정 하나를 통째로 없애다 보니 연료와 비용이 절약되고 공해 물질도 대폭 줄었지요. 게다가 덩어리로 만들기 어려워서 못 쓰던 종류의 철광석도 모두 활용할 수 있게 되었고요. 파이넥스 공법 외에도 제철소에서 이뤄지는 두 가지 공정을 하나로 합치는 방법 등이 연구 중이라고 합니다.

화석 연료 사용을 줄이는 또 다른 방법은 바로 철 스크랩, 흔히 하는 말로 고철을 재활용하는 것입니다. 철 스크랩은 얻기 쉽습니다. 플라스틱과 유리는 쓰레기 더미에서 일일이 손으로 구분해 내야 하지만, 철은 자성을 이용해서 손쉽게 분리할 수 있죠. 게다가 여러 번 반복해서 재활용할 수도 있고요. 철 스크랩은 90퍼센트 이상 다시 철로 만들 수 있습니다. 철광석을 제련해서 철 1톤을 생산했다고 가정해 볼까요? 이 철은 생산, 소비, 회수, 재생산을 10여 차례 소화할 수 있습니다. 그렇게 하면 실제로는 철을 10톤 넘게 사용한 것과 맞먹는 셈이 되지요.

또한 철 스크랩을 재활용하면 철광석에서 직접 철을 생산할 때보다 이산화탄소를 82퍼센트 줄일 수 있습니다. 국제 철강 협회에 따르면 2006년도에 제조된 철강 중 약 40퍼센트 이상인 4억 9천 6백만 톤 정도가 재활용 강재였는데, 이로 인해 이산화탄소 배출량은 8억

9천 4백만 톤 줄어들었다고 하지요.

그동안 철은 성능 향상을 위해 니켈, 크롬, 알루미늄, 몰리브덴, 구리 등 다른 금속과 결합하여 새로운 변화를 모색해 왔습니다. 합금은 우수한 재료를 만드는 데 꼭 필요한 과정이라고 받아들여져 왔지요. 그러나 환경에는 이롭지 않습니다. 합금 원소가 첨가된 스크랩은 재활용하는 데 제약이 많기 때문입니다. 그래서 합금하지 않고도 철제품의 성능을 높일 수는 없는지 연구가 이뤄지고 있습니다.

인간이 철을 만들며 배출한 이산화탄소는 지구 온난화의 주범 중 하나입니다. 그런데 재미있게도 인간이 온난화를 해결하기 위한 수단으로 떠올린 것 역시 철입니다. 철을 쓰다가 일어난 문제를 철로써 해결하려는 것이지요. 이쯤에서 다시 한 번 철에서 야누스의 모습이 엿보입니다.

"철은 야누스처럼 생산과 파괴의 두 얼굴을 지니고 있다." 맞는 말 같습니다. 그러나 사실 따지고 보면, 철의 얼굴은 원래 하나였습니다. 철은 그저 철일 뿐이죠. 철을 야누스처럼 만든 것은 바로 인간이고 그 바탕에는 인간의 욕망이 있었습니다.

인간은 지구에 묻혀 있던 철을 깨우고 들춰냈습니다. 철로 곡물을 재배하고 철로 전쟁을 벌였습니다. 더 많은 식량과 더 강한 무기를 원했기 때문에 철을 혁신하고 대량 생산할 방법을 개발해 냈습니다. 인간은 철을 이용해 진보를 이룩하는 한편, 철을 욕심내 환경을 파괴하고, 철을 오용해 같은 인류를 살상했습니다. 야누스의 모습을 지닌 쪽은 철이 아니라 바로 인간이었던 것입니다.

　그렇다면 우리는 어떻게 해야 할까요? 이 자리에서 쉽게 결론을 내릴 수는 없습니다. 지금까지 이야기한 철의 과거와 현재를 꼼꼼히 돌아보는 것이 출발점이 될 수 있겠지요. 더 나아가 앞으로도 계속 철이라는 거울에 비친 우리 인간의 욕망을 성찰하고, 다 같이 미래를 고민해 보았으면 합니다.

단행본

『16세기 문화혁명』, 야마모토 요시타카 지음, 남윤호 옮김, 동아시아 2010.

『21세기를 지배하는 10대 공학기술』, 장호남 외 지음, 김영사 2002.

『강철 혁명』, 데보라 캐드버리 지음, 박신현 옮김, 생각의나무 2011.

『거의 모든 것의 역사』, 빌 브라이슨 지음, 이덕환 옮김, 까치글방 2003.

『건축과 도시의 인문학』, 김석철 지음, 돌베개 2011.

『고대 세계의 위대한 발명 70』, 브라이언 M. 페이건 외 지음, 강미경 옮김, 랜덤하우스코리아 2007.

『고대발명』, 덩인커 지음, 조일신 옮김, 대가 2008.

『과학기술과 제국주의』, 대니얼 R. 헤드릭 지음, 김우민 옮김, 모티브북 2013.

『광물, 역사를 바꾸다』, 에릭 샬린 지음, 서종기 옮김, 예경 2013.

『그리스인 이야기』 1, 앙드레 보나르 지음, 김희균 옮김, 강대진 감수, 책과 함께 2011.

『기술과 문명』, 루이스 멈퍼드 지음, 문종만 옮김, 책세상 2013.

『나무시대──숲과 나무의 문화사』, 요아힘 라트카우 지음, 서정일 옮김,

자연과생태 2013.

『나침반, 항해와 탐험의 역사』, 앨런 거니 지음, 강미경 옮김, 세종서적
2005.

『대장장이와 연금술사』, 미르치아 엘리아데 지음, 이재실 옮김, 문학동네
1999.

『매혹의 질주, 근대의 횡단──철도로 돌아본 근대의 풍경』, 박천홍 지음,
산처럼 2003.

『모든 것은 돌멩이와 몽둥이로부터 시작되었다』, 리차드 아머 지음, 이윤
기 옮김, 시공사 2000.

『무기의 세계사──역사 속의 신무기』, THE DIAGRAM GROUP 지음, 조
필군·노우주 옮김, 노드미디어 2009.

『무기체계론──무기의 역사 이야기 100』, 크리스 맥납 지음, 이동욱 옮김,
경남대학교출판부 2013.

『문명의 수레바퀴, 철』, 박은화 지음, 이경국 그림, 미래아이 2010.

『물건의 세계사』, 지바현역사교육자협의회 세계사부 엮음, 김은주 옮김,
가람기획 2002.

『물질문명과 자본주의 1-2: 일상생활의 구조 하』, 페르낭 브로델 지음, 주
경철 옮김, 까치글방 1995.

『미국 기술의 사회사』, 루스 슈워츠 코완 지음, 김명진 옮김, 궁리 2012.

『박람회──근대의 시선』, 요시미 순야 지음, 이태문 옮김, 논형 2004.

『발칙한 고고학』, 후즈펑 지음, 송철규 옮김, 예문 2009.

『백은비사──은이 지배한 동서양 화폐전쟁의 역사』, 융이 지음, 류방승 옮
김, 박한진 감수, 알에이치코리아 2013.

『불량직업 잔혹사──문명을 만든 밑바닥 직업의 역사』, 토니 로빈슨·데이
비드 월콕 지음, 신두석 옮김, 한숲출판사 2005.

『빅 히스토리──우주, 지구, 생명, 인간의 역사를 통합하다』, 신시아 브라
운 지음, 이근영 옮김, 웅진지식하우스 2013.

『빅 히스토리──한 권으로 읽는 모든 것의 역사』, 데이비드 크리스천·밥
베인 지음, 조지형 옮김, 해나무 2013.

『빅 히스토리 15—세계는 어떻게 연결되었을까?』, 조지형 지음, 이우일 그림, 와이스쿨 2013.

『사라진 스푼』, 샘 킨 지음, 이충호 옮김, 해나무 2011.

『사물의 민낯』, 김지룡·갈릴레오 SNC 지음, 애플북스 2012.

『살아있는 세계사 교과서』 1·2, 전국역사교사모임 지음, 휴머니스트 2005.

『세계 불가사의 여행—신 7대 불가사의에서 필론의 7대 불가사의까지』, 이종호 지음, 북카라반 2007.

『세계를 바꾼 20가지 공학기술』, 이인식 외 지음, 생각의나무 2004.

『세계사 특강—시간과 경계를 넘는 역사 여행』, 캔디스 고처·린다 월튼 지음, 황보영조 옮김, 삼천리 2010.

『세계사를 움직이는 다섯 가지 힘』, 사이토 다카시 지음, 홍성민 옮김, 뜨인돌 2009.

『세계의 건축물』 1, 알레산드라 카포디페로 외 지음, 이순주 옮김, 이강업 감수, 뜨인돌 2007.

『세계의 역사를 뒤바꾼 1000가지 사건』, 내셔널지오그래픽 편저, 오승훈 옮김, 지식갤러리 2010.

『세계전쟁사』, 존 키건 지음, 유병진 옮김, 까치글방 1996.

『세상을 바꾼 최초들』, 피에르 제르마 지음, 최현주·김혜경 옮김, 하늘연못 2006.

『시간의 지도—빅 히스토리』, 데이비드 크리스천 지음, 이근영 옮김, 심산 2013.

『신들의 계보』, 헤시오도스 지음, 천병희 옮김, 숲 2009.

『아프리카 대륙의 일대기』, 존 리더 지음, 남경태 옮김, 김광수 감수, 휴머니스트 2013.

『에펠』, 데이비드 하비 지음, 이현주 옮김, 생각의나무 2005.

『역사를 뒤흔든 대이동 7가지』, 베이징대륙교문화미디어 기획 및 엮음, 양성희 옮김, 현암사 2010.

『역사상 가장 위대한 발명 150』, 미셸 리발 지음, 강주헌 옮김, 예담 2013.

『오! 이것이 아이디어다』, 존 판던 지음, 강미경 옮김, 웅진지식하우스

2012.

『우리가 몰랐던 철 이야기』, 이종민 지음, 포스코경영연구소 2012.

『우주의 발견』, 케네스 C. 데이비스 지음, 이충호 옮김, 푸른숲 2003.

『원소의 세계사』, 휴 앨더시 윌리엄스 지음, 김정혜 옮김, 알에이치코리아 2013.

『유럽 이전의 아시아』, 쵸두리 지음, 임민자 옮김, 심산 2011.

『인간의 역사』, 미하일 일린 지음, 동완 옮김, 동서문화사 2008.

『인도유럽인, 세상을 바꾼 쿠르간 유목민』, 라인하르트 쉬메켈 지음, 한국 게르만어 학회 옮김, 푸른역사 2013.

『인류의 발자국』, 앤터니 페나 지음, 황보영조 옮김, 삼천리 2013.

『인류의 역사——문명의 패러다임을 바꾼 결정적 순간 45』, 시릴 아이돈 지음, 이순호 옮김, 리더스북 2010.

『재미있는 우리나라 철 이야기』, 홍대한 지음, 철강홍보위원회 기획, 대산출판사 2012.

『전쟁의 세계사』, 윌리엄 맥닐 지음, 신미원 옮김, 이내주 감수, 이산 2005.

『중국 고대 야철 기술 발전사』, 양관 지음, 노태천·김영수 옮김, 대한교과서 1992.

『중국근현대사 4——사회주의를 향한 도전 1945-1971』, 구보 도루 지음, 강진아 옮김, 삼천리 2013.

『중국역사의 발전형태』, 마크 엘빈 지음, 이춘식·임중혁 옮김, 신서원 1989.

『중동의 역사』, 버나드 루이스 지음, 이희수 옮김, 까치글방 1998.

『채굴과 제련의 세계사』, 마틴 린치 지음, 채계병 옮김, 책으로만나는세상 2004.

『철도, 역사를 바꾸다』, 빌 로스 지음, 이지민 옮김, 예경 2014.

『총, 균, 쇠』, 재레드 다이아몬드 지음, 김진준 옮김, 문학사상사 2005.

『코끼리의 후퇴』, 마크 엘빈 지음, 정철웅 옮김, 사계절 2011.

『탈성장사회——소비사회로부터의 탈출』, 세르주 라투슈 지음, 양상모 옮김, 오래된생각 2014.

『통섭―지식의 대통합』, 에드워드 윌슨 지음, 최재천·장대익 옮김, 사이
언스북스 2005.
『하룻밤에 읽는 물건사』, 미야자키 마사카츠 편저, 오근영 옮김, 랜덤하우
스코리아 2003.
『한눈으로 보는 과학과 발명의 세계사』, 내셔널지오그래픽 편저, 이창우·
이시은·박유진 옮김, 지식갤러리 2013.
『환경은 세계사를 어떻게 바꾸었는가』, 이시 히로유키·야스다 요시노리·
유아사 다케오 지음, 이하준 옮김, 경당 2003.
『휴먼 웹―세계화의 세계사』, 존 맥닐·윌리엄 맥닐 지음, 유정희·김우영
옮김, 이산 2007.
『흙―문명이 앗아간 지구의 살갗』, 데이비드 몽고메리 지음, 이수영 옮
김, 삼천리 2010.
『히타이트―점토판 속으로 사라졌던 인류의 역사』, 이희철 지음, 리수
2004.
『히타이트』, 비르기트 브란다우·하르트무트 쉬케르트 지음, 장혜경 옮김,
조철수 감수, 중앙M&B 2002.
『Iron beyond imagination』, 장인경 지음, 철박물관 엮음, 세연문화재단
2009.

논문

「뉴욕의 랜드마크, 브루클린교: 세계 최초의 강철 케이블 현수교」, 유위성,
『CERIK저널』 제170호 소통권7호, 2010.
「다마스커스 강철과 단접무늬 강철에 관한 연구」, 정영관, 『한국공예논총』
제13집 2권, 2010.
「산소로 철을 만든 마술사 헨리 베서머: 비로소 강철시대가 열리다」, 정대
영, 『생산기술』 11·13, 2001.
「철강 기술과 미래사회: 세계로 뻗어가는 우리의 환경친화형 철강 기술」,

김성준, 『기술과 미래』 제35호, 2005.

「철강기술의 발전과 미래 비전」, 이준정, 『철강보』 제34권 제6호, 2008.

「철의 발달사를 이용한 교수: 학습 방법 탐색 및 교재 개발」, 안운호, 공주
　　대학교 석사학위 논문, 2013.

방송 프로그램

「철의 문명사 스틸루트」 1~3부, MBC 2011.

「우주 빅뱅과 철의 기원」, EBS 2009.

이미지 출처

22면	미국 항공 우주국(NASA/JPL-Caltech/STScI/CXC/SAO)
23면	대한 화학회
26면	미국 항공 우주국(NASA/Christopher Perry)
28면	미국 항공 우주국(NASA)
31면	(좌) 『하퍼스 뉴 먼슬리 매거진』 제46호의 삽화, 1873년 (우) Pete Markham (www.flickr.com)
32면	Rogeriopfm (commons.wikimedia.org)
39면	국립 중앙 박물관
40면	연합뉴스 「평양서 신석기 시대 가마터 발견」, 2003년
44면	국립 중앙 박물관
46면	H. Zell (commons.wikimedia.org)
47면	로스앤젤레스 주립 미술관(Los Angeles County Museum of Art)
52면	아나톨리아 고고학 연구소(アナトリア考古学研究所)
55면	Bernard Gagnon (commons.wikimedia.org)
59면	zolakoma (www.flickr.com)
76면	존 플랙스먼 「철의 시대」, 1816년경, 인디애나폴리스 미술관

155면   (위) 『월간 대중 과학』 제39호의 삽화, 1891년

(아래) cooldudeandy01 (www.flickr.com)

162면   (좌) 뉴턴 H. 블랙·하비 N. 데이비스 지음 『중학생을 위한 실용
물리학』의 삽화, 1913년

(우) 로버트 H. 서스턴 지음 『증기 기관 성장의 역사』의 삽화,
1878년

165면   Maurits90 (commons.wikimedia.org)

166면   새뮤얼 스마일스 지음 『조지 스티븐슨과 그의 아들 로버트 스티
븐슨의 삶』의 삽화, 1868년

170면   새뮤얼 스탠턴 지음 『미국의 증기선』의 삽화, 1895년

171면   mattbuck (commons.wikimedia.org)

174면   앤드루 J. 러셀 「마지막으로 완성된 철도 위에서 악수하는 동과
서」, 1869년, 예일 대학교 도서관

177면   (위) 토머스 A. 프라이어 「1851년 빅토리아 여왕이 만국 박람회
를 개회하다」, 1851년, 오르세 미술관

181면   ①~④ 테오필 푀유 「건설 중인 에펠 탑」, 1887~1889년, 오르세
미술관

183면   John St John (www.flickr.com)

185면   Nicolas Lannuzel (www.flickr.com)

192면   윌리엄 D. 버나드·윌리엄 H. 홀 지음 『네메시스호의 항해와 군
역 이야기』의 삽화, 1844년

195면   ① 하만 「번호가 없어 식별할 수 없는 티거 II 전차」, 1944년, 독
일 연방 기록물 보관소

④ 영국군 사진병 「V2 로켓」, 1945년, 영국 왕립 전쟁 박물관

197면   연합뉴스 「눈 내린 휴전선 경계 근무」, 2013년

202면   Matt Biddulph (www.flickr.com)

창비청소년문고 17

철의 시대: 철과 함께한 인류의 역사

초판 1쇄 발행 2015년 10월 2일
초판 9쇄 발행 2023년 4월 4일

지은이 강창훈 | 펴낸이 강일우 | 책임편집 김효근 | 펴낸곳 (주)창비
등록 1986년 8월 5일 제85호 | 주소 10881 경기도 파주시 회동길 184
전화 031-955-3333 | 팩스 031-955-3399(영업) 031-955-3400(편집)
홈페이지 www.changbi.com | 전자우편 ya@changbi.com

ⓒ 강창훈 2015
ISBN 978-89-364-5217-9 43900